H O O L I G A N S I L U S T R A D O S

TONI PADILLA (Sabadell, 1977) es historiador y periodista deportivo. Empezó su carrera laboral en Matadepera Radio retransmitiendo los partidos del Sabadell. Luego, ocupó diversos puestos hasta convertirse en responsable de la sección de Deportes del diario *Ara*. Además, colabora en medios como Radio Marca, Gol Play y La Liga TV. También es uno de los fundadores de la revista *Panenka*, de cuyo consejo editorial forma parte. Es profesor del Máster de Periodismo Deportivo de la Blanquerna-Universitat Ramon Llull. *Mala piel* es su sexto libro. El anterior, *Unico grande amore* (Panenka), es una declaración de amor al fútbol italiano. Cómo no, es socio del Sabadell.

MALA PIEL

Toni Padilla

PRIMERA EDICIÓN: marzo de 2024

Calle San Bernardo 97-99, entresuelo 8
28015 Madrid

ISBN: 978-84-19119-58-2
DEPÓSITO LEGAL: M-4147-2024
CÓDIGO IBIC: DNJ, WSJA
DISEÑO DE PORTADA: Artur Galocha
DISEÑO DE COLECCIÓN: Rivolta
MAQUETACIÓN: María O'Shea Pardo
CORRECCIÓN: María Campos
IMPRESIÓN: Kadmos

IMPRESO EN ESPAÑA - PRINTED IN SPAIN

A Carles, Albert, Axel, Quim, Robert,
Pep, Xavi y Ramon.
Y, especialmente, al *fletxa*.

Índice

El rizos

«Rizos, eres un hijo de puta». Algunas frases te acompañan toda la vida. A mí me sucede con esta. Siempre que me cruzo con un tipo con rizos pronuncio por dentro estas malditas palabras. «Rizos, eres un hijo de puta». Y me acuerdo de él. Me acuerdo de ese defensa. O sea, del hijo de puta y de su mirada aquella noche de verano en Palamós. Estábamos en la tribuna del estadio municipal, en la primera fila. Mi madre, mi padre, mi hermana y un servidor, en ese orden. Me gustaba esa ubicación, permitía seguir todos los detalles del juego e incluso escuchar los diálogos entre los futbolistas. Debía estar jugándose la segunda parte cuando, justo delante de nosotros, *rizoseresunhijodeputa* le soltó una patada por detrás a Ramón.

Ramón en realidad se llamaba Francesc Xavier Ramón Matas y era un canterano del Barça que había recalado un año antes en Sabadell. Uno de esos jugadores que había llegado a la Masia azulgrana soñando que un día Johan Cruyff lo llamaría. No, no lo llamó. En el Sabadell formaba una delantera maravillosa con Joan Barbarà, nuestro gran ídolo, un jugador con narizota y pies mágicos. Menudo ataque teníamos, ese verano de 1990. Cómo me gustaban Barbarà y Ramón. Aunque al tipo de los rizos supongo que no, por la coz que le dio.

Aquella patada no fue lo único que Ramón tuvo que soportar en Palamós. Detrás de una portería, estaban los miembros de la Penya els Xuts, hinchas del Lleida, que había jugado justo antes un partido contra el Nàstic de Tarragona. Uno de ellos tenía una lata de cerveza en la mano e insultaba a Ramón recordándole un gol que les había marcado la temporada anterior. Me fascinaba ese tipo. Tejanos ajustados, botas Dr. Martens, patillas largas. Era un skin, aunque un poco desaliñado. Ni daba miedo. Parecía salido del lápiz de un dibujante de cómics de la revista *El Jueves*. El tipo se sintió algo intimidado cuando me cazó observando sus movimientos. Entonces yo era un niño de doce años. Y aparentaba menos, siempre me ha pasado. El aficionado del Lleida bajó los ojos y dejó de insultar a Ramón.

Después llegó la patada de *rizoseresunhijodeputa*. Fue entonces cuando mi padre se levantó. Dio un paso al frente y puso las manos sobre la barandilla. Parecía uno de esos políticos que, para cerrar un acto electoral, se levantan de la silla, se abrochan la americana y lanzan una proclama al viento para que todo el mundo la entienda. «Rizos, eres un hijo de puta». Mi padre lo gritó con convicción, como si constatase un hecho evidente. Como si el rizos tuviera escrita en la cara la maldición de ser un hijo de puta. No olvidaré cómo Ramón, aún en el suelo, lo miró. Con esa mirada parecía preguntarse qué hacía mi padre perdiendo los papeles por una falta cualquiera. El destino del delantero es recibir palos, siempre lo ha sido. Además, ni siquiera era un partido tan importante como para perder los estribos. Era una semifinal del torneo Nostra Catalunya entre el Palamós y el Sabadell que no importaba a casi nadie. Bueno, a mí me importaba, pues soñaba con ver a mi equipo levantar títulos, aunque fuera el Torneo de la Galleta. A mi padre también le importaba, a la vista de su reacción. Si Ramón lo miró sorprendido, el famoso *rizoseresunhijodeputa* sonrió y se giró, buscando un sitio dentro del área para defender el lanzamiento de la falta. No parecía muy ofendido.

Quién sabe cómo acabó esa falta. Años más tarde recuperé la crónica en una hemeroteca. Había olvidado el resultado de esa semifinal que ganamos en los penaltis, después de empatar 1-1. Huguet, un portero que usaba unos pantalones muy cortos y ajustados que parecían a punto de estallar, paró dos lanzamientos de los locales y fue el héroe de una noche que casi nadie recuerda. Más adelante, perdimos la final con el Lleida en el estadio de Sarrià de Barcelona, en unos penaltis en los que la suerte nos dio la espalda. No tengo recuerdos de esa final, supongo que no fuimos.

Quizás mi madre se negó a ir al partido después de lo que había sucedido en la semifinal. Cuando mi padre ocupó de nuevo su asiento, dos tipos lo increparon. Uno le exigió que se callase. «Calla tu, tros de merda», respondió mi padre. Eso significaba que aún no estaba enfadado del todo. Nacido en Andalucía, mi padre siempre hablaba en catalán, excepto cuando perdía los nervios y saltaba al castellano. Esa noche la segunda frase ya fue en castellano. Pobres diablos, esos dos señores. Se sentían fuertes en su estadio. Además, eran dos y más altos. Mala idea, amigos. Mi padre quizás era bajito, pero había sido boxeador. Así que soltó dos puñetazos. Uno impactó en la mejilla del primero que se había acercado. Jamás se olvida cómo suena un puñetazo cuando lo presencias por primera vez de cerca. Un golpe seco, como si se rompieran a la vez muchos huevos. El segundo puño no acertó del todo. En un combate no habría sumado puntos, pues le dio en el cuello al otro tipo, que ya se estaba retirando, asustado. ¿Después? Llegaron los policías. No vimos los lanzamientos de penaltis porque se lo llevaron detenido.

Era una noche de verano de 1990, una buena época para ser niño en Cataluña. Nos sentíamos bendecidos por un destino común. En dos años seríamos olímpicos, como nos recordaban grúas de construcción, carteles con el logo de Barcelona 1992 y el omnipresente Cobi, que me gustaba más que Ramón. La economía iba viento en popa, parecía ser. España estaba dentro de la Unión Europea, cada vez teníamos más canales de televisión y el Sabadell aspiraba a volver a Primera dos años después de un traumático descenso en 1988, en la última jornada. Era un buen verano para ser niño, aunque tus padres discutieran mucho y una noche como esa la acabaras siguiendo a tu padre, detenido.

Recuerdo unos mosquitos revoloteando alrededor de la luz de la comisaría de Palamós, mientras esperábamos. Recuerdo el semblante de mi madre cuando volvíamos al apartamento que teníamos alquilado ese verano en L'Escala, dolorosa como una Virgen italiana. «Antonio, mai més», insistía una y otra vez. Mi madre, Montserrat, también se había enfadado con mi hermana y conmigo porque nos habíamos reído con los insultos de mi padre al rizos. Había algo cómico en esa tragedia. Quizás era la mirada de mi padre o que nos recordaba un episodio reciente, cuando se bajó del coche para agredir a un trabajador que cobraba en un peaje en pleno agosto, a 40 grados, escondido bajo un modesto parasol. Mi padre lo vaciló con una bromita que le sentó mal al hombre. Con razón, por cierto. «Eh, et compro el para-sol», le había dicho. Otra frase que me acompañará siempre, como el famoso *rizoseresunhijodeputa*. Había algo que nos divertía cuando mi padre conseguía que una situación trivial acabase en una discusión. Ni mi madre, ni mi hermana, ni yo, ni Ramón o el rizos podían entender esa pelea en el campo del Palamós. Aunque a nosotros nos dio por reír. Quizás eran las primeras muestras de esa peligrosa atracción por el lado salvaje de la vida. Seguir al Sabadell tiene algo de sufrimiento, de peligro, de insensatez.

Saliendo de la comisaría, mi padre subió al coche, pidió disculpas a mi madre y, por el retrovisor, me miró: «Heu vist com han caigut, eh?», soltó mientras esbozaba una sonrisa. Y se le iluminaron los ojos. Qué mirada de ladronzuelo de bicicletas. Qué mirada más viva y preciosa tenía esa noche. Tardé años en entender esa mirada. Mi padre nunca dejó de ser un niño que no quería hacerse mayor.

Las chimeneas

Ojos de niño y mala piel. Así es mi padre. En la vecina Terrassa tienen *mala raça* y en Sabadell tenemos *mala pell*, según un dicho local. Cosas de una rivalidad centenaria. Ellos tienen más historia, con un obispado que se remonta al siglo V y edificios propios de una urbe más señorial. Aunque luego creció mucho y mal, esa ciudad. En Sabadell contamos la leyenda, seguramente falsa, de que una universidad japonesa tiene una maqueta de Terrassa como ejemplo de ciudad fea y desordenada. Ellos tenían obispos y grandes familias, y nosotros, campesinos que vendían cebollas. Hasta que llegó la revolución industrial y una nueva generación de sabadellenses levantó chimeneas y fábricas con su esfuerzo e imaginación. La ciudad llegó a ser conocida como la Mánchester catalana por su industria textil. Incluso existió una pequeña flota mercante sabadellense, que se encargaba de exportar nuestros tejidos a Argentina o a Chile. Éramos una ciudad sin mar, aunque con flota mercante. Una fantasía, un delirio de grandeza. ¿He dicho ya que somos muy tercos en Sabadell?

A raíz de aquello, somos una ciudad de chimeneas. Afortunadamente, se han conservado algunas, convertidas en obeliscos solitarios en patios interiores. En torno a ellas se enroscan las biografías de nuestros habitantes. Una de mis abuelas trabajó en aquellas fábricas, ordenando hilos antes de que llegaran a los telares. Cuando perdió su función industrial, el edificio se convirtió en un instituto, donde estudié yo. Y de aquella construcción ahora solo queda un solar, justo al lado de la residencia en la que se encuentra mi padre.

Camina por el patio, siempre en movimiento, intentando mantenerse en forma. Como si luchase contra el paso del tiempo, igual que la ciudad y el club. ¡Qué peligro el pasado! Los hinchas del Sabadell pensamos cada año que nos toca subir de categoría. Y cada año acabamos pidiendo que el entrenador se vaya por patas. También mi padre vive preso del pasado. Las piernas aún le aguantan, aunque la cabeza cada vez menos. En ocasiones no entiende que vive en una residencia y afirma que está en Andorra, el pueblo minero de Teruel donde pasó parte de su infancia. Otras veces acusa a un abuelo cojo de ser un espía, ignoro a sueldo de quién. Las enfermedades mentales crean siempre situaciones tragicómicas y traen olvidos, de los que mi padre no se escapa. Pero si hablamos de fútbol, recuerda bien las cosas.

Puedes hablar con él de los partidos en la grada de la Nova Creu Alta y de los que jugaba con sus amigos. Recupero grabaciones de mi padre jugando allá por los años ochenta. Medias caídas, piernas fuertes. Qué feliz, en esas imágenes. Se las muestro y él sonríe. A finales de los sesenta, un grupo de chicos de Sabadell creó un equipo y lo bautizó como Penya 66. No lo federaron ni apuntaron en ninguna liga. Eran un poco *hippies*, ellos. Chicos de patilla larga, melena que no gustaba a los grises, pantalones de pata de elefante y muchos sueños. Para ellos, el fútbol era libertad y amistad. Cada domingo, siempre los mismos jugadores, siempre con sus camisetas amarillas chillonas. Estallaban en risas en los almuerzos posteriores, sentados alrededor de una mesa con porrón y bocadillos gigantes. Una vez al año organizaban una cena para dar premios al máximo goleador o al mejor jugador, aunque intentaban que todos volvieran a casa con algún trofeo. Mi padre se granjeó fama de ser un delantero terco y peleón. En ese grupo, dejó de ser Antonio para ser *l'Antoniu*, pronunciado a la catalana. En el terreno de juego, como jugaba por la banda y era rápido, lo apodaron «el fletxa». Medio siglo después, muchos de esos compañeros lo visitan en la residencia. Qué fuertes son los lazos forjados en un equipo. En el patio, a la sombra de una chimenea, se toman el pelo. Y los ojos de mi padre se encienden, vivos.

Una mañana de verano, recordando viejas batallitas con uno de sus amigos, mencionamos al rizos. ¿Se acordará mi padre de aquello? Me mira con esos ojos verdosos con un toque gris. Esos ojos de niño. Sonríe. Claro que se acuerda. Pero caigo en la cuenta de que desconozco la identidad del famoso *rizoseresunhijodeputa*. Así que, cuando se queda medio dormido, investigo por internet. Y, sí, lo encuentro. Fabián Eduardo Bohnhoff Rosas, defensa argentino. Formado en Newell's Old Boys, vivió un ascenso a Primera con el Castellón, antes de recalar en el Palamós. Su último equipo fue el Onda, retirándose relativamente joven. Se dedicó a vender esmalte cerámico de la provincia de Castellón a empresas argentinas, a donde volvió.

Busco fotos viejas suyas. Me salen muchas en las que viste de albinegro, el uniforme del Castellón. Menudos rizos tenía el bueno de Bohnhoff. Siento simpatía por él, el insulto se ha convertido en un mote cariñoso. *Rizoseresunhijodeputa*. Sigo buscando, de forma obsesiva. Mi vida siempre ha sido así. Si para mi padre el fútbol era un acto social, para mí fue un refugio solitario durante mucho tiempo. Un mundo de revistas, cromos y atlas. El fútbol como excusa para descubrir historias. Quizás por eso me dediqué al periodismo. Como los partidos en Sabadell en ocasiones eran malos, siempre me interesó más lo que sucedía en la grada. O la historia de los futbolistas.

Recordando el partido en Palamós, llego a una web sobre onomástica alemana. Encuentro que el apellido Bohnoff podría tener su origen entre unos campesinos de alubias. En el siglo XIV ya hay documentados Bohnoff en Baviera. Interesante. ¿Cuándo debieron emigrar los antepasados de mi rizos a la Argentina? Luego descubro que, por las fechas en que jugó en Newell's, seguramente Bohnoff conoció a Marcelo Bielsa, entonces en la dirección deportiva del club. Reviso los jugadores que compartieron vestuario con *rizoseresunhijodeputa* en Newell's: Mauricio Pochettino, Gerardo Martino, Roberto Sensini, Darío Franco,

Eduardo Berizzo o Gabriel Omar Batistuta. La lista impresiona. También Julio Alberto Zamora, un delantero argentino que jugó unos meses en el Sabadell en 1988 y que acabó en River Plate. Le pregunto a mi padre si lo recuerda. «Era molt dolent», afirma. Una vez compré en Buenos Aires una revista *El Gráfico* solamente porque la portada hablaba sobre los refuerzos de River Plate, entonces entrenado por César Luis Menotti, y uno de ellos era Zamora. «Procedente del Sabadell», se leía. Así somos, siempre conseguimos que todas las historias, por lejanas que sean, acaben en nuestra ciudad. Aunque empiecen en un campo de alubias bávaro en tiempos de la peste negra.

Me alegra que el famoso rizos fuese argentino. Así las palabras de mi padre debieron parecerle poca cosa. No somos buenos puteando, es así. No estamos a su altura. «Eres un hijo de puta», qué previsible. Meterse con los rizos. Qué poco original. Y, pese a todo, ese *rizoseresunhijodeputa* me suena genial. Suena a eslogan, a titular, a nombre de disco de un grupo indie argentino.

Cobi

Un día de octubre de 1986, mi madre me apremió para que volviéramos a casa después de la escuela. Nos sentamos delante del televisor. Yo comía ganchitos, tenía los dedos anaranjados. Creo que todos los catalanes recordamos el momento en el que Juan Antonio Samaranch pronunció aquello de «à la ville de… Barcelona». Nos abrazamos, saltamos, qué alegría tan tonta. En mi casa celebrábamos las cosas sin saber muy bien su significado. Celebramos la entrada a la Unión Europea, la llegada del euro, la aparición de las televisiones privadas y la concesión de los Juegos Olímpicos. Éramos gente sencilla que comprábamos cualquier discurso que prometiese un futuro mejor. Nos acercamos a ver con nuestros propios ojos el cartel gigante que instalaron en la entrada de la ciudad: «Sabadell, seu dels Jocs Olímpics de Barcelona 1992». Éramos felices intentando que mi abuela adivinase qué animal era Cobi, la mascota. Siempre defendió que era un oso. En 1987 el Sabadell jugaba en Primera División y Barcelona iba a ser sede de unos Juegos. Yo coleccionaba sellos, minerales, monedas, billetes, mapas, pines y, cómo no, muñecos de Cobi practicando todo tipo de deportes.

En Sabadell siempre nos han gustado los deportes. El régimen franquista la proclamó «Ciudad piloto del deporte español». Nadie sabía muy bien qué significaba, pero dejaba claro que competíamos en muchos deportes a la vez. Había buenos atletas, boxeadores, ciclistas y jugadores de balonmano. Pero, sobre todo, nadadores. Mi padre defendía que Sabadell también merecía ser sede en las pruebas de natación porque teníamos el mejor club de España. ¿Tiene sentido que el mejor club de natación esté en una ciudad sin mar? Seguramente no, pero somos tercos, nadamos bien y llegamos a tener una flota mercante. Muchas generaciones han aprendido a nadar en el C. N. Sabadell. Unos, gracias a los convenios con las escuelas locales para que los niños mejoraran su técnica durante las clases de Educación Física; y otros, como yo, también gracias a los cursos para mejorar nuestra técnica durante los fines de semana. Si lo hacías bien, subías de categoría y te entregaban un caballito de mar de plástico, que en casa te cosían al bañador. Cada categoría tenía un color asignado. El de mayor rango era el caballito negro. Yo me quedé en el rojo, el segundo mejor.

A todos los niños nos unía la fiebre olímpica. No nos perdíamos los episodios de los dibujos animados de Cobi, la mascota más genial, como decía la canción. Aprendía las normas de todos los deportes y memorizaba todas las delegaciones que llegarían. Mi padre enganchó en el coche dos pegatinas: el escudo del Sabadell y un Cobi con una bandera catalana. El coche, por cierto, era un Mercedes. Los Juegos Olímpicos acabaron cambiándonos la vida.

Mi padre, un modesto conductor de hormigoneras que volvía a casa con la ropa manchada de grasa y cemento, por primera vez en su vida tenía dinero en el bolsillo. Aprovechando el boom de la construcción en Barcelona por los Juegos Olímpicos, algunos camioneros habían montado su propia empresa. Mi padre fue uno de ellos. Lo primero que hizo fue comprar una casa preciosa de cuatro plantas en el centro de la ciudad para que todo el mundo supiera que ese hijo de inmigrantes sin estudios ahora era rico. Si antes llevaba el cemento en un camión, ahora salía de un garaje en un Mercedes.

No solo se trataba de lo exageradamente grande de aquella casa, sino también de su ubicación, a diez metros de la Rambla, la calle más céntrica de Sabadell. En el centro vivían los descendientes de los empresarios del textil, los Llonch, los Casanovas, los Turull o los García-Planas. Mi padre quería codearse con ellos y llenó la casa con lujos innecesarios, como un piano que nadie sabía tocar. También cuadros caros de artistas menores. Pese a que él era más de cerveza que de vino, teníamos una pequeña bodega, además de ascensor, un garaje con espacio para cuatro coches y un patio donde jugábamos al frontón. También compró dos apartamentos en la Costa Brava, dos coches y un abrigo de pieles para mi madre.

En ese momento, decidió que quería ser presidente del Sabadell. Incluso lo entrevistaron en el periódico y la radio local. Era extraño ver a mi padre en la prensa con una corbata estampada muy noventera. Estaba engordando y se parecía cada vez más a aquellos directivos del fútbol que entonces destacaban por sus barrigotas y sus papadas. Después de un par de temporadas en Primera, entre 1986 y 1988, el equipo había caído a Segunda y mi padre se creyó preparado para devolverlo a la máxima categoría. Pero después de un tiempo desaparecido, Rafel Arroyos, el presidente del último ascenso a Primera, volvió con una papada más grande y lo convenció para que abandonase esa idea de ser presidente, reclutándolo como directivo. Mi padre se entregó al proyecto, feliz de entrar en palcos y conocer a gente famosa.

Arroyos, un empresario de éxito del que se decía que había sido el primer representante de Joan Manuel Serrat, empezó a fichar jugadores con experiencia, futbolistas que los niños teníamos en los álbumes de cromos. Un día de verano de 1991, mi padre apareció en casa con el nuevo fichaje del Sabadell. Como no perdía ninguna oportunidad para sacar pecho, consiguió que se ocultara de la prensa en nuestra casa mientras se cerraba la operación. Recuerdo los gritos de mi padre por la escalera, pidiendo que bajásemos a la puerta para recibirlo.

Conocer a un deportista famoso es una experiencia digna de contar a todo el mundo. Cuando era joven, mi padre saltaba los muros para colarse en las piscinas de Sabadell y ver entrenar a los nadadores más importantes, como Santiago Esteve, tan bueno que ganó una beca para estudiar y competir en Estados Unidos. En una época en que América parecía tan lejana como la luna, *L'Antoniu* presumía a menudo de haberle estrechado la mano una vez. Mi madre también tenía su historia. En los años sesenta y setenta, los jugadores del Sabadell en ocasiones se paseaban por la Rambla presumiendo de sus elegantes trajes, regalo de Ricardo Rossón, presidente del club y empresario del sector textil. Uno de esos futbolistas era Ángel Sertucha, el temperamental defensa vasco que se retiró en 1968, después de jugar algunas temporadas de arlequinado con un pañuelo atado a la cabeza. Por aquellos años, los jugadores se cruzaron un día con mi madre y sus amigas. Una anécdota sin más. No tenía nada, esa historia. Pero para mi madre lo era todo, así que la contaba una y otra vez. Entonces ella era joven, guapa y soltera. Algún piropo se llevaría, seguro. En esa época, cuando la gente casi no salía de su ciudad y no todos tenían televisor, cruzar la vista con un famoso te encendía el corazón.

Una mirada que se grababa en tu memoria para siempre.

Ese día de 1991, yo también experimenté la misma sensación: en la puerta estaba el mismísimo Tommy N'Kono. Yo lo miraba, fascinado. Teníamos en casa al mejor portero africano de la historia. Con sus pantalones largos, se había convertido en una leyenda del Espanyol en la década de los ochenta, llegando a la famosa final de la Copa de la UEFA perdida contra el Bayer Leverkusen. Incluso mi padre, que jamás miró con simpatía a los pericos, prefería que hubiesen ganado aquel partido. En el Mundial de 1990, el segundo que disputaba después del de 1982, se había salido con esa selección camerunesa que llegó a los cuartos de final y provocó que muchos niños pidieran a sus padres una camiseta de los leones indomables. Una camiseta imposible de encontrar. Ni Maradona le había marcado un gol en ese torneo a N'Kono. Y ahora jugaría en el Sabadell.

Imagino que mis ojos de felicidad fueron los mismos que los de mi madre el día en que se cruzó con Sertucha. O esos de mi padre cuando le dio la mano a Santiago Esteve. Para recibir al camerunés, mi madre nos había peinado y puesto la mejor ropa, como si fuéramos a misa. Yo lo miraba como a un hombre santo. Era un milagro, desde luego, que ese futbolista al que había visto por la televisión en los mundiales estuviese entrando a nuestro comedor. Me pareció un gigante. Recuerdo que lucía un collar dorado, que tenía un dedo torcido por una vieja lesión y unas manos gigantes con las que me despeinó de forma cariñosa. Mi padre me animó a que le hiciera preguntas. Me costó, tímido como era, aunque al final le pregunté por el partido contra Argentina en Milán, en el Mundial de 1990. Y por si era verdad que nadie sabía la edad de Roger Milla. Qué momento tan feliz.

A sus treinta y cinco años, N'Kono llegaba para liderar un proyecto para volver a Primera. El año antes nos habíamos salvado milagrosamente del descenso a Segunda B. En la última jornada recibíamos la visita del Palamós. Los dos equipos se salvaban si el partido acababa en empate. No hubo ni un solo lanzamiento a puerta. Conservo una foto de ese día. En todos los campos de Primera y Segunda, un niño hizo un simbólico saque de honor, un gesto que formaba parte de una campaña contra el sida. Mi padre movió cielo y tierra para que fuese yo. Yo no quería, me daba vergüenza. Golpeé el balón con la mirada baja y los brazos detrás de la espalda, con timidez. Mi padre se enfadó por mi pataleta, aunque se le pasó pronto.

Al año siguiente, ya con N'Kono de portero, las ilusiones se habían renovado por completo. Incluso viajamos en coche hasta Sevilla para vivir en directo la primera jornada, en el campo del Betis. Recuerdo a un directivo del club andaluz decirle a mi padre que el Sabadell tenía un equipazo y que seguramente ganaríamos el partido. No, perdimos. No, no teníamos un buen equipo. Quedamos novenos, lejos de la promoción que jugó, precisamente, el Betis.

La Quimeta i l'Alejandru

Aquel pueblo pequeño con un mercado en el que se vendían cebollas se había convertido en una moderna ciudad industrial. La primera caja de pensiones de Cataluña, por ejemplo, fue la de Sabadell, fundada en 1859 por empresarios como Pere Turull, el primero en comprar máquinas de vapor para la industria textil. Se cuenta que la reina Isabel II llegó a dormir en su casa de Sabadell. La primera sesión de cine de la historia de Cataluña también se celebró en Sabadell, gracias al dentista Marçal Ballús, que conoció a los hermanos Lumière en París e importó el invento. Ballús quiso bautizar el cine con el nombre de «lentiplasticromocoliselectoserpentígrafo», aunque, lógicamente, nadie le compró la idea, con tantas letras. En 1911 Sabadell ya tenía una de las mejores salas de cine del país, El Imperial, edificio que muchos jóvenes defendimos en manifestaciones cuando quisieron demolerlo. En los años treinta eran frecuentes las conferencias de un joven paleontólogo local, Miquel Crusafont, quien años más tarde consiguió que Sabadell tuviese un museo magnífico con un esqueleto de tricerátops que aún fascina a todos los niños. Como buena ciudad industrial, en Sabadell también se debatió mucho en cafés y ateneos y estallaron algunos episodios de violencia política.

El deporte también formó parte de esa modernidad. En la segunda década del siglo XX, en el estadio de la Creu Alta, se jugó el primer partido de fútbol con luz artificial en España. Y en 1916 se inauguró la primera piscina deportiva. En los años veinte la gente decía que teníamos un portero llamado Antoni Estruch que era igual o mejor que Ricardo Zamora. Con el tiempo, uno descubre que en casi todas las poblaciones de España afirmaban tener un portero capaz de plantar cara al «Divino», pero Estruch quizás fuese el primer gran ídolo arlequinado.

La Quimeta, mi abuela materna, fue una persona que definía bastante bien el espíritu de aquellos tiempos. Me atrevería a decir que fue la más moderna de mi familia. Si mis padres tuvieron como maestros a curas de sotanas largas que te azotaban con un palo, mi abuela fue educada en plena República por maestros modernos. Con quince años bailaba charlestón, se interesaba por la política y defendía los derechos de las mujeres. Cuando enviudó, no se quedó en casa vestida de negro. Bailó sardanas, se apuntó a excursiones e incluso rechazó a unos cuantos pretendientes que le mandaban cartas de amor. Con ochenta años miraba la vida desde una ventana, postrada en una silla, pero era mi gran aliada cuando yo debía volver a casa a las tres de la madrugada y lo hacía a las seis. Ella dormía justo al lado de la puerta, ejerciendo de guardiana de la casa, y mentía afirmando que yo había sido puntual. Luego me sonreía y me animaba a que viviera la vida.

Moderna como era, Quimeta fue de las primeras mujeres en pisar el estadio y la primera de la familia que siguió al equipo. Su juventud coincidió con los primeros años de gloria del club. En la temporada 1933-1934, el Sabadell despertó la admiración de toda Cataluña, entusiasmada por un equipo formado por chicos locales que bordaba el fútbol. Y no es una exageración, lo escribía la prensa de Barcelona. Ese año, con una plantilla exclusivamente formada por jugadores catalanes, el Sabadell ganó, superando al Barça y al Espanyol, el Campeonato de Cataluña, un torneo que se disputó hasta 1940. El título llegó en la penúltima jornada con una victoria por 2-1 al Girona. Ese día, *Mundo Deportivo* publicó una viñeta con un jugador arlequinado llevándose el trofeo a una ciudad llena de chimeneas, dejando atrás a dos futbolistas, uno azulgrana y otro del Espanyol, que lloraban a los pies del monumento a

Colón. Hacia esa época, la revista satírica *Xut* publicó unos dibujos en los que ciudadanos con una camiseta arlequinada paseaban por la Rambla, y que llevaban de título «Sabadell en plena exaltación futbolística». En otra viñeta, un grupo de señores señalaban, sorprendidos, a un tipo solitario que iba por la calle como un apestado. «Mirad, uno que no es socio del Sabadell», decían. Aquel equipo también llegó a la final de la Copa en 1935, pese a que jugaba en Segunda División. Mi abuela Quimeta pudo ver en acción a los jugadores y recordaba sus nombres: Gual, Barceló, Tena… Años más tarde pude comprar algunos de sus cromos, aquellos tan bonitos que se encontraban dentro de las tabletas de chocolate.

Lo que también me encantaría encontrarme en algún mercadillo es una vieja botella de Anís del Topo, una marca de Sabadell que llegó a competir con el famoso Anís del Mono de Badalona. En su peculiar etiqueta aparece un topo caminando medio borracho. El empresario Josep Germà bautizó su anís en catalán como «Anis del Taup». Debió ser un error, porque «topo» se escribe «talp», a no ser que se tratase de una expresión propia de Sabadell, como otras que también le escuchaba a mi abuela: *petador*, *estrep*, *xurruques*. O una que yo aún uso para referirme a nuestros jugadores malos: *topero*. Sería una forma de definir a alguien patoso. El *topero* era una pieza de los viejos telares. Mi padre la usa. Cuando se cae, admite ser un poco *topero*.

Si mi abuela era la luz, su marido era lo contrario. Del abuelo Alejandro no recuerdo ninguna historia vinculada con el fútbol. Recuerdo poco de él, en realidad. Sé que fue un obrero que falleció cuando yo tenía unos seis años. Recuerdo sus manos llenas de cicatrices. *Mala pell.* Mano de obrero, piel dura. Manos como las de mi padre, que perdió medio meñique en un accidente en un taller siendo adolescente. Ese dedo sin uña, redondito y suave, siempre me fascinó. De pequeño dibujaba encima de él caras o los cuadros arlequinados del Sabadell. A las manos de mi abuelo no me acercaba. Más que respeto, los pocos años que viví con él le tuve miedo, por sus ataques de ira. El abuelo Alejandro no manifestaba ningún interés por sus nietos. Sus últimos años no parecía interesado en nada, dejando morir los días sentado en una silla, pensativo, conviviendo con sus fantasmas. Las imágenes de entonces son borrosas, de cuando ya no podía levantarse de la cama, provocando largos silencios en una casa que se preparaba para el luto. Extraños momentos, aquellos en los que todo el mundo sabe que lo mejor es que llegue ya la muerte, aunque nadie lo diga.

Cuesta admitir que sabes más de la biografía de un futbolista, como *rizoseresunhijodeputa*, que de tu abuelo. En su época, las fotografías eran un lujo que se exhibía en consecuencia: las colgaban en el comedor, enmarcadas. Se ponían sus mejores galas y posaban juntos delante de fondos de tela en la casa del fotógrafo. Con ese gesto pretendían derrotar al paso del tiempo y, de alguna forma, ser inmortales. Yo tengo mil fotos en mi teléfono de partidos del Sabadell que merecen ser olvidados.

Costó reconstruir pedazos de la vida de Alejandro. O como lo llamábamos nosotros, a la catalana, *l'Alejandru*. Cuentan que era muy comunista y se comió tres años de guerra en el frente. Que con la derrota republicana escapó a pie hacia Francia. Años más tarde, en el precioso Museo del Exilio, en La Jonquera, me impresionó pensar que mi abuelo había sido una de esos millares de personas que con alpargatas, cuatro bártulos y semblante triste cruzaron a pie los Pirineos sin saber si volverían. Aunque él decidió volver. Jamás habló de ello. Con *l'Alejandru* había más silencios que charlas. En millares de casas españolas nunca se habló de la guerra. Tanta y tanta guerra, tanto y tanto dolor. Gracias a familiares cercanos descubrimos que volvió para estar con su hija, pues ya había sido padre antes de que estallara el conflicto. Volvió a escondidas, para descubrir que la madre no quería saber nada de un perdedor de la guerra. Rechazado, *l'Alejandru* se escondió en barrancos y bosques unos meses, sin saber qué hacer. Al final, decidió entregarse.

Después de su paso por la cárcel, le tocó pedir perdón por sus pecados delante de las autoridades franquistas, renunciando oficialmente a unas ideas en las que, seguramente, tampoco creía ya. La gente contaba de él que había dejado de creer en todo. Acabó trabajando en una fábrica con chimenea, como aquella en la que trabajó mi abuela y que se levantaba junto a la residencia en la que ahora está mi padre.

El Madrigal

Algunas derrotas no te sorprenden. Están tan cantadas que no te extrañaría que por la megafonía del estadio diesen la bienvenida a los valientes que han venido a sufrir un descalabro. Otras te pillan con la guardia baja y te dejan cara de tonto, como aquella en Villarreal aquel día de mayo de 1993 en el que la población castellonense me pareció el peor lugar del mundo. Un pueblo con un estadio feo, pequeño, que entonces se llamaba «El Madrigal». Ironías del destino, el Sabadell entonces tenía mucho más nombre y pasado que el conjunto amarillo. Habíamos normalizado tanto estar en Segunda que jugar con el Mallorca o el Deportivo era lo natural; perder en Villarreal, un desastre.

Al comienzo de la temporada, nuestros cromos habrían cotizado mucho más que los suyos en ese mercado de valores futbolero que es el patio de cualquier escuela. Las expectativas eran altas. La directiva se había gastado mucho dinero para superar la novena plaza del año anterior, pero las cosas no habían salido como esperábamos. Recuerdo especialmente el segundo gol del Villarreal. Lo marcó un tal Antonio Reyes con un disparo desde el centro del campo en el último minuto. Tommy N'Kono, con sus pantalones largos y la mirada perdida, se metió dentro de su portería y acabó atrapado en las redes. El león indomable, cazado. Recuerdo cómo un aficionado local, con un pitillo en la boca y unas gafas de sol de las que usaban los policías nacionales, se giró hacia nosotros y nos dedicó algunas peinetas. Mi padre parecía igual de derrotado que N'Kono, así que ni reaccionó a esas burlas. Nos íbamos de cabeza a Segunda B y apenas quedaban unos partidos.

Entonces yo tenía quince años y el fútbol no era lo único que se desmoronaba a mi alrededor. El sueño olímpico había pasado y en 1993 hacía frío. Lo notaba el mundo, la ciudad, el club, mi familia. Mi padre había sido incapaz de saltar a tiempo de dos barcos que se hundían: su empresa de construcción y el Sabadell. Después de unos años ganando dinero, llegaron las deudas. Cuando Arroyos empezó a pedir dinero a los directivos, mi padre picó. No quiso admitir que no podía permitírselo. El sector de la construcción estaba en crisis, pero fingía tener la cartera llena por orgullo. Dinero perdido, el Sabadell estaba destinado a arder. Mis padres se distanciaron. Para ignorar los gritos, me encerraba en un mundo de mapas y fútbol. A ellos no parecía importarles demasiado lo que hacía, bastante tenían con los números rojos, así que me dejaban delante de la televisión mirando de forma obsesiva los documentales sobre los numerosos conflictos que destrozaban el mundo.

Aprendí quiénes eran los hutus y los tutsis, y que existía un lugar llamado Nagorno Karabaj. También recortaba las crónicas de guerra de los enviados especiales de los periódicos, sobre todo las de Plàcid García-Planas en *La Vanguardia*. Mi abuela me había dicho que era de Sabadell. Me fascinaba que un chico de mi ciudad estuviera allí, bajo las bombas. Cuentan que incluso se quedó con la última bandera yugoslava con la estrella roja que ondeó en el centro de Sarajevo. Me obsesioné por aprender las quince nuevas repúblicas nacidas de la antigua URSS y sus capitales, dibujando mapas en la escuela mientras suspendía asignaturas. Me impactaron las estatuas de Lenin derrocadas por las multitudes. El fin de la Guerra Fría había llegado prometiendo unión y teníamos más conflictos.

Para mi ciudad las cosas tampoco iban bien. Su pasado glorioso quedaba lejos. Cerraban negocios y nadie sabía hacia dónde iría Sabadell. ¿Se convertiría en nada más que una ciudad dormitorio y en una extensión de Barcelona? ¿O se reinventaría como en el pasado? A diferencia de otras localidades vecinas, Sabadell tenía un carácter muy marcado, no solo por el deporte. No dejábamos de ser la ciudad del Banc Sabadell, uno de los más importantes del país. Una ciudad con una larga lista de escritores, músicos y deportistas. No queríamos extraviarnos en esa nebulosa llamada «área metropolitana». Qué poco nos gusta esa expresión y qué larga es la sombra de Barcelona. Nosotros nos sentimos la capital del Vallés, una región distinta. Pero en los noventa estábamos perdidos. Teníamos la autoestima tan baja que todo lo bueno parecía llegar de fuera, como ser sede olímpica o que El Corte Inglés abriera uno de sus centros. En 1993, tener El Corte Inglés en tu ciudad era motivo de orgullo. Además, en Terrassa no había, punto a favor nuestro, pero triste victoria. El día de la inauguración, toda la ciudad se dio una vuelta por sus pasillos. Nosotros, también. Pero solo paseamos, sin comprar. No teníamos dinero.

Nuestro descenso fue una lenta agonía. Después de Villarreal, solo logramos un empate en los seis partidos restantes. Todo lo demás, derrota tras derrota. De hecho, fuimos incapaces de marcar un solo gol en los cuatro partidos que siguieron al del Villarreal. En los que sí marcamos, como en la derrota 3-4 contra el Racing de Santander, lo hicieron algunos chavales de la casa, como Manel y Piti, que acabarían convirtiéndose en ídolos de mi juventud. Aquella temporada, algunos veteranos ni siquiera jugaron los últimos partidos. Como N'Kono, que se había borrado.

En mi memoria, todo se desencadenó aquella tarde en Villarreal, con los errores de Tommy N'Kono. Porque, según recordaba, el primer gol también había sido culpa suya. Pero no fue así. Había sido fruto de un buen disparo cruzado de Alcañiz después de una asistencia de Cyril Makanaky. Dos héroes de la selección camerunesa que llegó a cuartos de final en el Mundial de 1990, cara a cara en un Villarreal-Sabadell clave para no bajar a Segunda B. Ganó Makanaky, el Villarreal acabó salvándose y yo convertí a N'Kono en símbolo del naufragio. La memoria te hace estas jugadas. La cabeza exagera cosas y olvida otras. En unas ocasiones, para protegerte; en otras, para darte alas. Pero eso no quita que N'Kono jamás rindiera como habíamos esperado. Estaba descubriendo que el fútbol, como la mitología griega, tiene héroes mortales y dioses pecadores. Pero seamos justos, el club no cumplió. El presidente prometió un ascenso, gastó un dineral en fichajes de campanillas y después no pagó las nóminas. En realidad, era más culpa de mi padre y de Arroyos que del pobre N'Kono. Si los ídolos no son perfectos, los padres tampoco. Mi padre se perdió, como Ulises, con los cantos de sirena. Los suyos fueron sentirse querido por desconocidos, olvidando a quienes tenía en casa.

Acabamos últimos en la categoría, pero lo peor aún no había llegado: por falta de dinero, nos mandaron a Tercera de un plumazo. Jamás habíamos jugado en una categoría tan baja. Y caímos en ella con un doble salto mortal.

José y Antonia

Jamás he podido reconstruir la historia completa de José, mi abuelo paterno. Sé que era un minero del interior de Almería y que empezó la guerra con los republicanos, pero la acabó como soldado nacional. Mi padre cuenta que, cuando lo hicieron prisionero, los franquistas lo indultaron porque sabía cocinar y podía prepararles la comida. Sea como sea, cambió de bando. El final de la guerra lo encontró en Montilla, Córdoba. Allí conoció a la abuela, Antonia. Era viuda. Su primer marido era un comunista fallecido no se sabe cómo. En Montilla la represión contra las esposas, viudas o hijas de republicanos fue feroz. A muchas las raparon al cero, las pasearon por la calle o las humillaron y violaron los falangistas en un cuartel. Mi abuela, que ya tenía un hijo, se salvó casándose con mi abuelo. En esa época, trabajaba en la Guardia Civil, pero tampoco le duró mucho porque descubrieron que había simpatizado con el anarquismo en sus años mozos y lo expulsaron del cuerpo. Mi padre nació en aquella época, en una chabola a las afueras de Montilla.

Más adelante se desplazaron a Andorra, un pueblo de Teruel, en el que mi abuelo volvió a las minas. De ahí proceden todos los recuerdos de infancia de mi padre. Me hablaba de una época que parecía salvaje, matando perros a pedradas o metiendo gatos en sacos que lanzaba a un pozo. Él tenía buen recuerdo de esos años. Hasta que el abuelo dijo que no quería pasar más tiempo bajo tierra. Unos compañeros habían perdido la vida en un accidente que lo marcó para siempre. Y, quién sabe cómo, encontró trabajo en Sabadell. En la foto de mi bautizo estoy en brazos de mis abuelos. José, con tez morena, mira a la cámara desafiante. Antonia, con piel de porcelana, parece estar sufriendo.

Los Padilla compraron un terreno muy cerca de la vieja Creu Alta, el histórico estadio del Sabadell, rodeado de chimeneas. Nunca he conseguido que mi padre me diga el año exacto en que se mudaron a Sabadell, aunque debió ser a finales de los años cincuenta. Mi madre admite que las familias de toda la vida miraban con recelo a esos descamisados que llegaban a la ciudad sin estudios para vivir en casas sin electricidad o agua. Aún hoy se pueden visitar algunas cuevas en una zona de barrancos donde vivieron muchas personas. No fue fácil ser inmigrante dentro de esa España. Nunca es fácil emigrar. Pero el fútbol facilitó que los recién llegados se identificaran con la ciudad. El estadio del Sabadell se convirtió en el punto de encuentro ideal para la gente de los barrios del centro y esos que levantaban casas en la periferia.

La ciudad arrastraba entonces sus propias heridas. Sabadell tenía fama de ser un lugar rebelde. Cada vez que en Barcelona estallaba una revolución, Sabadell se apuntaba. Entre 1860 y 1939, el ejército entró en tres ocasiones en la ciudad para sofocar revueltas. Debido a su pasado industrial, el movimiento obrero tuvo mucha fuerza. En 1906, un chico local, Mateu Morral, intentó matar al rey Alfonso XIII de un bombazo. En 1936, durante los primeros meses de la Guerra Civil, los anarquistas asesinaron a Josep Germà, el fundador del Anis del Taup y expresidente del club. No le perdonaban que hubiera aceptado ser alcalde después de la represión posterior a la proclamación, por parte de Lluís Companys, del Estado catalán en 1934. Durante el franquismo, Sabadell fue un dolor de cabeza para los policías, que torturaron hasta la muerte a un obrero local, Cipriano Martos. Años más tarde, gracias al maravilloso trabajo de Roger Mateos, un buen amigo periodista, se reivindicó su memoria y se le dedicó un espacio. Sí, siempre ha sido una ciudad rebelde.

Pero, pese a los desgarros de la historia, el campo del Sabadell siguió siendo un punto de encuentro para todos. En el campo se podía escuchar el catalán de Sabadell, que defenderé a capa y espada que es el más precioso de Cataluña.

Las procesiones

Los finales del verano siempre son especiales. Cuando te reincorporabas al colegio, las cosas eran diferentes. Normalmente, te tocaba subir un piso más para llegar a tu aula. Los alumnos nuevos aireaban las dinámicas. Los amigos parecían distintos, e incluso a algunos empezaba a asomarles el bigotillo. El final de verano de 1993 también lo recuerdo porque el Sabadell empezó la primera temporada de su historia en Tercera. Y el primer partido fue en el campo del Tortosa. Joder, ni sabía que en Tortosa tenían equipo. Fue un baño de realidad. Toda mi infancia había visto al Sabadell competir contra clubes históricos y, de repente, estábamos en campos de tierra.

El viaje a Tortosa lo hice en un autobús rodeado de desconocidos. Mi padre acababa de salir de la directiva y no quería volver a las gradas. Las deudas lo angustiaban y cada semana llegaban notificaciones judiciales. Su castillo de naipes se hundía. Consiguió vender la casa, su maldita casa, antes de que fuera embargada. En los partidos como locales, nadie de mi familia me acompañaba al estadio, pero mi abuela me dio el dinero para un carnet de socio en la tribuna general, el más barato. En los partidos como visitantes, me subía a autobuses con quien fuese.

Aquel día en Tortosa perdimos 3-2. Nos lanzaron monedas y escupitajos. Entonces el fútbol era muy violento, aunque la gente lo normalizaba. Si ibas a un campo como visitante, era bastante común que te lanzaran cosas. La violencia estaba institucionalizada y no solo por los primeros grupos de ultras que poblaban las gradas. Entonces te podía atizar un policía con delirios de grandeza o un señor con cara de oficinista. Los niños lanzaban piedras, sus padres proferían insultos racistas y los abuelos decían que los rivales eran maricones. Yo tardé algunos años en identificar qué quería decir «maricón». Mi padre usaba la palabra en el campo, así que pensaba que significaría ser débil o algo parecido. En los salesianos, los curas tampoco hablaban sobre la homosexualidad. Así que tuvimos que aprender nosotros solos cómo era la vida. Menuda generación.

La derrota en Tortosa no fue algo excepcional: aquella temporada no ganamos ni un solo partido hasta la séptima jornada, con empates en casa contra equipos como el Cerdanyola de Mataró. El club estaba en la cuerda floja. Ese verano incluso se había hablado de su posible desaparición por las deudas y los impagos. Arroyos había escapado. Se decía que andaba en Paraguay. Incluso cortaron el agua caliente en el estadio y un grupo de seguidoras veteranas, siempre bien peinadas y perfumadas, organizó una colecta en el centro de la ciudad para pagarla. Suya fue la idea de dibujar escudos del club en el suelo con tiza para que la gente pusiera monedas encima de las líneas blancas. Algunos curiosos dejaban algunas, más por piedad que otra cosa.

Yo me acerqué con mi abuela, que sacó unas monedas de su bolso y me las entregó. Me sentía avergonzado porque mi padre había estado en la junta que había llevado el club al purgatorio. Me arrodillé y las dejé. Era una imagen patética, pero, a la vez, sentía cierto orgullo por estar allí. Recuerdo que una veterana aficionada encendió unas velas cuando el sol se ponía, como si le rezara a un santo.

No es la única escena en la que fútbol y religión parecían cruzarse. En una de las temporadas con mi padre en la directiva, el club organizó un ascenso en bicicleta desde el estadio hasta el monasterio de Montserrat. Ese día, aunque mi padre estaba más gordo que nunca e incluso tenía gota, decidió subir pedaleando también. Enfundado en sus mallas, se puso rojo como un tomate. Los jugadores, que pueden ser más crueles que unos escolares, bromeaban sobre él y yo me avergonzaba. Finalmente logró llegar hasta la cima, no sé muy bien cómo. Nunca aceptaba un no. Y eso lo condenó.

Y luego, claro, estaban las peregrinaciones. Cada quince días, en las puertas de los campos de Tercera aparecían centenares de aficionados del Sabadell, fieles en el dolor. Las familias pudientes llegaban bien vestidas, con un pin del equipo y en sus coches; las modestas, con chanclas y en autobús. Mis padres fueron a la iglesia mientras tuvieron dinero. Luego, quién sabe si porque sus plegarias no eran atendidas, no volvieron a pisarla. Yo aprendí el significado de la palabra fe en esos años, justo cuando dejé de ir a misa.

Estas peregrinaciones normalmente tenían un aire festivo. Pero no siempre. Años más tarde, en el 2006, la procesión fue desesperada. Ese año el Sabadell seguía mal gestionado y al borde de un nuevo descenso a Tercera. Esta vez por nuestro desempeño en el campo, no en los despachos. Jugábamos un derbi en el campo del Terrassa. Y la afición no tuvo otra idea que ir caminando desde el del Sabadell.

Analicémoslo un momento. Estás viviendo tu peor época, la hinchada rival te espera con ganas y no tienes otra idea que caminar más de dos horas por el lateral de una autopista. Parecíamos una procesión religiosa de camino a una montaña donde se supone que una Virgen se apareció a un pastor dormido, o un pueblo que pide un milagro para evitar que la peste cruce sus muros. Solo nos faltaba cargar cruces de madera o ir de rodillas. Más de doscientas personas caminaron, cantando o con la mirada baja. Cuando llegamos a Terrassa, colgaba de un puente una pancarta en la que nos indicaban el camino que debíamos seguir hacia Tercera División. Y sí, ese año bajamos, aunque el partido lo empatamos. No les dimos el gusto de derrotarnos en el terreno de juego. Ni en nuestro peor momento nos ganaron.

Si mis padres perdieron interés por el fútbol, ocupados como estaban por llegar a final de mes, yo todo lo contrario: me obsesioné aún más. Guardaba las crónicas del *Diari de Sabadell*, forraba mi carpeta con fotos del equipo y llenaba libretas con estadísticas. Mi hermana era la mejor estudiante del instituto, pero yo estaba condenado a repetir curso. Me encerraba en mi mundo de fútbol, mapas e historia, y era incapaz de concentrarme en las materias que no me gustaban. En vez de estudiar fuerte, los fines de semana solo quería ver partidos.

Canalicé mi odio hacia el anterior presidente, no hacia el club. Tampoco me llevaba bien con mi padre, con el que me peleaba cada vez más. Decidí que el Sabadell era una víctima más de esa crisis posterior al sueño olímpico, que había sido maltratado por ese capitalismo agresivo que llegaba al fútbol con presidentes gritones corruptos. Decidí que el Sabadell no eran los directivos. El club era gente como yo y esas ancianas de manos agrietadas, con esa mala piel que lo resiste todo.

No era un buen momento para ser un adolescente y socio del Sabadell. Aunque fui descubriendo que en el dolor se puede encontrar cierto placer. No fue una casualidad que empezase a escuchar grupos de música liderados por cantantes con traumas que, en ocasiones, se quitaban la vida. Alargaba las noches mirando películas en el segundo canal de Televisión Española. Y jamás eran comedias. Mis primeros libros tampoco fueron la alegría de la huerta. Como tantos adolescentes, llegué a pensar que quizás yo era alguien especial por descubrir a Albert Camus o Cortázar, iluso de mí. Por mis manos pasó el libro del Marqués de Sade, como si con él quisiera entender por qué muchas personas piden que les hagan daño. No acabé de comprenderlo nunca, aunque escuchaba una y otra vez una canción de la Velvet Underground dedicada a ese libro.

Ser del Sabadell tenía algo de masoquista. Si perdíamos, me dolía y me excitaba a la vez. Ese año era un estudiante con malas notas que metió en el mismo saco a Jeff Buckley, Akira Kurosawa, Nirvana, Yukio Mishima, Pearl Jam, Krzysztof Kieślowski, Dostoievski y el Sabadell. Bienvenido, dolor. En vez de escapar de él, lo abracé. Mis padres ni lo sabían.

Tenían tantos problemas que ignoraban a ese hijo mal estudiante. Yo, curiosamente, empecé a interesarme por ellos, aunque de una forma fría, analítica. Y empecé a rebuscar en las cajas de fotos viejas.

Antonio y Montse

Mi padre era un guaperas. Con veinticinco años se paseaba con una vespa de segunda mano que él mismo había arreglado. Era un buen mecánico que había encontrado trabajo en los ferrocarriles, arreglando locomotoras. En unas viejas fotos aparece junto a sus hermanas delante de la moto, con una actitud chulesca. Le gustaba ir de duro, se nota. De fondo se ven las viejas casas que los inmigrantes andaluces construían con sus manos en descampados y barrancos en las afueras. El suelo no está asfaltado. Entonces aún no se habían levantado los gigantescos bloques de pisos que acogieron las olas de inmigración que llegaban a Cataluña para trabajar en su industria. Viviendo tan cerca del estadio, *L'Antoniu* parecía destinado a hacerse del Sabadell. En los días de partido, la gente pasaba por delante de su puerta. Y llegó a la ciudad justo a tiempo para ver la época dorada del club, cuando el equipo enlazó seis temporadas consecutivas en Primera, entre los años 1965 y 1972. No es extraño que llegara a viajar hasta Valencia en su vespa para ver un partido del Sabadell.

Si le enseño fotos de aquella época del equipo, mi padre reconoce a muchos jugadores. Se cuenta que el mismísimo Santiago Bernabéu temía a nuestro presidente, Ricardo Rossón, porque conseguía un buen trato arbitral a cambio de trajes para toda la familia del colegiado. Pero eso es una leyenda. Su estrategia consistía en fichar a veteranos que habían destacado en el Barça o el Madrid. Los dedos de mi padre señalan algunos de esos jugadores. Isidro, que se casó con la hermana de Lola Flores. Pedro Zaballa, el cántabro que en 1969 se negó a marcar un gol a puerta vacía en el campo del Real

Madrid porque el portero estaba conmocionado después de un fuerte golpe en la cabeza. Perdimos el partido, pero Zaballa se ganó el respeto de todo el mundo y la UNESCO le dio un premio. Señalan también a Josep Palau, autor del único gol el día que nos eliminaron de Europa.

Porque en 1969, después de haber acabado cuartos en Primera, disputamos una eliminatoria de Copa de Ferias contra el Brujas. En la ida ganamos 2-0. Mi padre intentó ir al partido de vuelta, pero era demasiado caro y se necesitaba visado. Pocos sabadellenses vieron en directo cómo el Brujas nos metía un 5-1. Uno de los que sí acudieron fue un joven local que se sabía buscar muy bien la vida, Rafel Arroyos. Su novia era compañera de clase de mi madre. Cuando era joven, mi madre también era una acérrima aficionada del Sabadell. Se enfadaba con sus compañeras de escuela cuando decían que eran del Barça o del Madrid. Ella defendía que debíamos ser solamente del Sabadell. En la ciudad aún quedan muchas personas así.

Mis padres se conocieron en un baile. Entonces, cuando había baile, debías ir arreglado. Y Antonio se ponía su única corbata negra y sus únicos pantalones de vestir. Les gustaba la música. Mi madre encargaba discos de los Beatles, que aún tengo en casa. En una esquina, el vendedor apuntaba su apellido con bolígrafo para guardarle el álbum: Montoliu. A mi padre, en cambio, le gustaba más Peret. Era una buena época para los jóvenes, siempre que no contasen con grandes aspiraciones ni inclinaciones políticas. Mis padres jamás hablaron de política. Como si el franquismo, que había destrozado la vida de mis abuelos, fuese una anécdota. Me gusta pensar que fueron jóvenes felices, pese a que les tocó trabajar duro y a que su juventud fue demasiado corta. Eso lo entendí después. Muchos de sus sueños no se cumplieron. Y por eso, pienso, no maduraron del todo. Siempre que podían hablaban de esos momentos de felicidad. Un baile, un gol de su jugador favorito, la mirada de un famoso, un nuevo álbum de los Beatles. Con eso les bastaba para soñar.

Cebollas

Quizás tener un presente sin demasiadas alegrías te lleva a indagar en el pasado. Y más cuando Sabadell sigue sin saber explicar algunos de sus símbolos. Aún no se sabe a ciencia cierta de dónde viene la palabra «Sabadell», aunque ya se ha descartado que derive de cebolla, *ceba* en catalán. Sea como sea, tenemos una cebolla en el centro del escudo de la ciudad y del equipo. Tampoco sabemos por qué vestimos a cuadros, aunque con tanta tradición de telares deben de ir por ahí los tiros. Ni siquiera nos ponemos de acuerdo en el año exacto de fundación, motivo por el cual el Sabadell celebró dos veces su centenario, en 2003 y en 2006. Cuando sucedió, me pareció algo muy de Sabadell, donde tenemos un humor afilado. Solo así sobrevives a tantos años de miserias.

Nuestro humor es deudor de un grupo de genios llamado «la Colla de Sabadell», una panda de intelectuales que generaban debate a través de la provocación. En unos años en los que la gente era más seria, se paseaban por la ciudad con un burro y enarbolando un paraguas con el que habían atravesado una barra de pan. Los padres de algunos de ellos, miembros de familias ricas, les buscaron un trabajo para ver si sentaban cabeza y los pusieron al frente del *Diari de Sabadell*. Menuda idea. Los chicos lo aprovecharon para inventar noticias escandalosas, como una supuesta boda entre la hija del alcalde y el hijo del director del banco local. No era cierto, claro. En otra ocasión, organizaron el lanzamiento de un libro. Cuando centenares de personas ya esperaban en la calle para entrar en el local anunciado como sede del acto, uno de ellos abrió un ventanal situado en el primer piso y lanzó un libro hacia la multitud. Después, cerró la ventana.

Uno de los miembros del grupo —que firmaban con seudónimos maravillosos como *Llum de Peu*, *Ara que ve l'Istiu* o *L'Oi Tant*—, Lluís Parcerisa, innovó con un género literario atrevido: crónicas de fútbol humorísticas, donde dedicaba más espacio a la barriga del árbitro que a los jugadores. Más de una vez publicó algunas de partidos que no se habían jugado o anunció una batalla a vida o muerte entre los diferentes barberos de la ciudad.

A ellos les debemos esa capacidad para reírnos de nosotros mismos. A los hinchas del Sabadell el humor nos salva. No solamente hemos tenido dos centenarios, sino que también hemos tenido dos mascotas, a cuál más fea. Si los Juegos Olímpicos tenían a Cobi, en los años noventa nosotros tuvimos a Cebi, una cebolla gigante. La otra era un arlequín que unas aficionadas confeccionaron sin pedir permiso a nadie, fabricando ellas mismas el disfraz, con buena voluntad y poco acierto. Cuentan que más de un directivo descubrió la mascota cuando ya estaba posando con el equipo y quedó horrorizado.

También somos la ciudad del cantante Albert Pla, que consiguió que me expulsaran de una actividad extraescolar cuando los padres salesianos me exigieron que les diera mi *walkman* y se escandalizaron al escuchar aquellas letras sobre sexo, toreros muertos y cabras libertarias. Y de Mikimoto, un presentador televisivo de los años noventa que se mofaba de todo. Otro momento surrealista se produjo cuando un grupo de manifestantes que pedían más espacios verdes en 1986 metieron un coche en un agujero, para acto seguido enterrarlo y colocarle encima una lápida con el siguiente mensaje en latín: *Arborem conserimus. Vehiculum sepelimus.* («Conservad el árbol, enterrad el vehículo»).

Cuando en 2011 un grupo inversor japonés entró en el club, se generaron situaciones que habrían gustado a la Colla de Sabadell, desde problemas de comunicación bastante pintorescos hasta cuando los nipones pensaron que podrían crear un *reality show* que jamás se hizo. Uno de los accionistas resultó ser un antiguo cantante pop estrafalario. Y en otra ocasión llegó a la ciudad Yōichi Takahashi, el dibujante que creo *Capitán Tsubasa*, un cómic y una serie televisiva que nosotros conocíamos como *Oliver y Benji*. Takahashi pintó en el estadio un jugador del Sabadell al que bautizó como Cesc Hiroshi. Nada parecía tener sentido pese a ser bien real. Ver al Sabadell jugar un amistoso en Tokio era algo que no hubiera imaginado ni el miembro más divertido de la Colla.

Aquellos intelectuales querían cambiar el mundo, pero acabaron en el exilio con el triunfo del franquismo. Todos cruzaron la frontera francesa a la vez que mi abuelo materno porque estaban muy ligados a la República, para la que habían creado iniciativas como una biblioteca ambulante que iba por el frente cargada de libros. Algunos de ellos, como el escritor Francesc Trabal, no volvieron jamás. Visitar su tumba en Santiago de Chile se convertiría en una de mis obsesiones. Pere Quart, el poeta del grupo, sí volvió del exilio, pasando por la cárcel. Y escribió su precioso «Corrandes d'exili», uno de los poemas más bellos escritos jamás en catalán, donde dejó para la posteridad un verso que siempre nos acompaña a la gente de Sabadell: «Com el Vallés, no hi ha res». O sea, que no hay nada en el mundo como nuestra tierra. Quart está enterrado en una preciosa tumba no muy lejos de mis abuelos. Él, en una elegante. Los míos, en un nicho al que no llegas sin escalera. El poeta y el obrero, Pere Quart y *l'Alejandru*, personas que eligieron volver del exilio. Los dos acabaron enterrados en el Vallés, entre cerros, pinos y cuarteras. Porque en la ciudad tenemos chimeneas, pero Sabadell también mira hacia esos campos y pinares que rodean el cementerio. Aún tenemos un poco de alma de pueblo.

Memoria

Siempre he sentido simpatía por el Athletic de Bilbao. Mi padre no. A mi padre no le gustaba ningún otro equipo, los odiaba a todos. Siempre encontraba una razón para ello. Si venía el Betis, los criticaba porque el marido de una prima era bético y no le caía bien. El Espanyol tampoco le gustaba porque decía que era un equipo muy de derechas. Pese a ser admirador de Cruyff, tampoco sentía simpatía por el Barça porque los consideraba prepotentes y porque afirmaba que sus presidentes siempre querían hundir a los otros clubes catalanes. Al Madrid no podía ni verlo. Cuando vino el Albacete me dijo que eran navajeros, y con el Athletic el problema era su odio a Javier Clemente, leyenda en Bilbao. Mi padre presumía de haber estado presente en la Nova Creu Alta el día de noviembre de 1969 en el que Ramón de Pablo Marañón acabó con la carrera de Clemente con una patada. Mi padre decía que era un chulo y un entrenador tacaño. Años más tarde me atreví a confesarle que físicamente se parecía mucho a él. Se lo tomó mal, pero es que eran iguales.

A mí, el Athletic me gustaba. Eso de jugar solamente con tipos de la casa me parecía una bilbainada maravillosa. Además, sus aficionados nos habían tratado bien aquel día lluvioso de la primavera de 1988 en el que nos jugamos la permanencia en Primera. Era la última jornada y necesitábamos una victoria para evitar el descenso. Aquel desplazamiento de la afición a San Mamés se recuerda como algo legendario, con unas cuentas que oscilan entre los 5 000 y los 8 000 aficionados. Ir a Bilbao parecía una aventura, entonces. Mi padre nos contó que era una ciudad gris, contaminada, con huelgas, altos hornos y terrorismo. Mi padre siempre fue de exagerar las cosas, aunque consiguió que sus dos hijos subieran al coche intimidados en su camino hacia Bilbao. Y sí, gris me pareció, la ciudad. Aunque no era Stalingrado en 1943, claro.

Ese día el Athletic no se jugaba nada y tampoco le puso mucho empeño. Pero nosotros no tuvimos puntería. Además, empezó a llover y el campo se embarró. Al final, perdimos 2-0 y bajamos. Cómo curte, un descenso. Cuando subes, analizas el calendario durante todo el verano, imaginas nuevos escenarios, el futuro es excitante. Cuando bajas, te sientes como el niño que se ha quedado sin regalos en Navidades y no sabe muy bien a dónde dirigir la mirada. Al salir de San Mamés, la hinchada vasca nos cuidó. Nos regalaron una bufanda de tela gorda, de las que tejían las abuelas. Nos dijeron que volveríamos pronto, que no llorásemos. Aún seguimos esperando, aún no hemos vuelto. Incluso mi padre acabó contento con el trato de aquellos aficionados. Y, pese a relacionarlo con ese descenso, yo lo convertí en mi segundo equipo.

Años más tarde hice amigos en Bilbao e incluso viajé a Bucarest para animar al Athletic en una final de la Europa League. Pero, entonces, mi hermana me bajó al suelo: yo no había estado en San Mamés ese día de primavera de 1988. Aquellos recuerdos eran falsos. Y mira que lo recordaba todo. La ciudad gris, adelantar a los autobuses de aficionados del Sabadell mostrando nuestra bufanda por la ventanilla, el lugar del estadio donde nos sentamos… Pero todo era mentira. Eran los relatos de mi padre y mi hermana, que hice míos. Fabriqué los recuerdos. Poco a poco descubrí otros engaños de mi cerebro. Yo siempre creí haber conocido a Black, el perro de mi padre, pero resulta que falleció antes de que yo naciera. Lo recordaba, sí, pero gracias a algunas grabaciones viejas del animal. Y también tuve un recuerdo falso, ya lo he contado, sobre la responsabilidad de N'Kono en el primer gol que nos marcó el Villarreal aquel día tan triste en El Madrigal.

Los que somos de una generación anterior a internet tendemos a exagerar algunos goles que vimos en directo. Entonces era casi imposible verlos otra vez, especialmente si tu equipo jugaba en Segunda. Algunos los recordaba maradonianos, y cuando los he visto años más tarde me han decepcionado. Pero el que sigue siendo increíble fue el primer gol del Sabadell a Osasuna en un partido clave para la permanencia en 1987, un año antes de nuestra caída en San Mamés.

Fue un partido con mucha historia. El 19 de abril de 1987 habíamos ganado 1-0 a los navarros con gol de Periko Alonso, pero impugnaron el partido por alineación indebida de dos de nuestros jugadores y el Comité Superior de Disciplina Deportiva ordenó que se repitiera el 19 de junio de 1987. El ambiente estaba muy caldeado por esa decisión. La directiva del Sabadell dejó el palco vacío en señal de protesta y puso las entradas baratísimas. Cómo se llenó el estadio, ese día. Unas horas antes del partido, se produjo el atentado de ETA en el Hipercor de Barcelona, enrareciendo aún más la atmósfera. Pero el encuentro se jugó, lo ganamos 2-1 y evitamos el descenso. Es uno de los días que recuerdo a mi padre más feliz. Después de haber descubierto que no había ido a Bilbao en 1988, me entraron dudas de si ese día había estado presente. Mis padres me confirmaron que sí lo estuve y que vi con mis propios ojos el asombroso jugadón de Barbarà que precedió al primer gol del Sabadell.

Años más tarde descubrí otro recuerdo falso. De tanto escuchar una historia, la había hecho mía. En una tarde lluviosa, el Alavés sacó un empate en nuestro campo. A la afición no le había gustado la actuación del colegiado y se reunió indignada en la puerta de tribuna para esperarlo. Parecía una turba medieval dispuesta a quemar a un hereje. Rompieron las lunas de su coche y le pincharon las ruedas. También se cuenta que el trío arbitral encontró su ropa dentro de la ducha del vestuario y que alguien había orinado encima. Yo recordaba a mi padre al lado de su mejor amigo, Joan, un divertido miembro de la Penya 66 que nos dejó demasiado joven por una enfermedad. Viendo que los aficionados ese día llevaban paraguas, Joan gritó: «¡Ojalá fuesen escopetas!». Después de horas encerrados, el árbitro y los linieres salieron disfrazados de policías nacionales entre golpes de porra. Pues bien, ese partido se jugó en 1980 y yo no estaba en el estadio. Aún mantengo contacto con el hijo de Joan. Ninguno de los dos vivimos en Sabadell. Los dos seguimos siendo socios y vamos al campo siempre que podemos.

También descubrí que había olvidado broncas, peleas y disputas entre mis padres. Supongo que es un mecanismo de supervivencia. Cuando años más tarde me asalta el recuerdo de algún incidente desagradable que había borrado, todo se tambalea. Era una época en la que mi padre ingeniaba todo tipo de triquiñuelas para no ahogarse en las deudas. Incluso puso el coche familiar a mi nombre para evitar embargos, cosa que supe cuando empezaron a llegarme multas de tráfico. Tiene mérito recibir avisos de multa cuando uno ni tiene carnet de conducir. Cosas de mi familia. Es más difícil reconstruir el pasado cuando está lleno de olvidos, engaños y exageraciones. Mi padre también afirmaba haber matado lobos con sus manos cuando hizo el servicio militar en Ceuta. Falso, claro. Jodida memoria, qué compleja es. En su plenitud, mi padre inventaba y olvidaba a su gusto. Cuando ya tenía una enfermedad degenerativa, recordaba solo las verdades.

Me sigue doliendo no haber estado realmente en Bilbao ese día de 1988. Incluso me costó admitirlo ante amigos y conocidos. Mi padre me explicó que consideraba el partido poco seguro y decidió que me dejaba en casa porque no era más que un renacuajo. Y se llevó a mi hermana, que salió llorando de la Catedral. Fue a Marta a quien la afición vasca cuidó.

La Magdalena

En la temporada 2005-2006, aquella de la procesión desesperada a Terrassa, quise vivir en directo la última jornada. Había sido la temporada de mi vida que más había desconectado, porque estaba cansado de la mala gestión y porque ya vivía en Barcelona. Pero ese día nos visitaba el Levante B y con la combinación adecuada de resultados aún podíamos esquivar el descenso a Tercera. No tuvimos ninguna oportunidad, ya que nos ganaron 0-3. Cómo duele perder contra los filiales. No hay prueba más grande de tu mediocridad que esa. Desde el mismo asiento en el que había visto la victoria contra Osasuna en 1987, contemplé el estado medio vacío, algún pañuelo blanco y cómo nos remataba un filial.

Si durante mi infancia visité el Camp Nou, el Benito Villamarín o Mestalla, en mi adolescencia me tocó ver en directo cómo el Sant Andreu nos metía 7-0 un día de lluvia, o cómo perdíamos 6-0 en el campo de la Gramenet, un campo de césped artificial que me pareció una caja de cerillas. Esquivé piedras en campos hostiles como el del Caravaca o Mar Menor, pasé frío por las lunas rotas de un autocar después de un empate sin goles a más de 400 kilómetros de casa y compré números para sorteos de un jamón en las puertas de los estadios de Yecla o Teruel. Jamás tocó, el jamón.

Nuestros fines de semana transcurrían en estadios que casi siempre tenían columnas en su tribuna, complicando la visión del juego. Campos levantados en los años cincuenta o sesenta, que apenas habían cambiado desde entonces, con señores barrigudos actualizando viejos marcadores manuales. Estadios en que los aficionados estaban tan encima que nuestros jugadores siempre se llevaban algún escupitajo en los saques de banda. Qué viejos eran esos campos y, a la vez, qué bellos. Mi favorito, sin duda, era El Collao, en Alcoy, donde siempre perdíamos. Con sus matojos de hierba saliendo entre el cemento, casi podías transportarte a aquellos Alcoyano-Sabadell que se jugaron en Primera en los años cuarenta, cuando estas dos ciudades industriales bregaban con los grandes.

En todas las ciudades que visitábamos siempre aparecía algún aficionado que admitía haber sentido simpatía por nosotros en el pasado gracias a nuestra preciosa camiseta a cuadros. Les hacía gracia recordar cuando en la radio se hablaba del conjunto «lanero». Se sabían el nombre de algún jugador que defendió nuestra camiseta, ya fuera Palau, Periko Alonso o Ramón, el delantero agredido por el *rizoseresunhijodeputa*. Nos mostraban viejos cromos e incluso recortes de periódicos y revistas. La bienvenida siempre era amable, aunque era una trampa. Después te querían comer el alma. Los equipos otrora grandes caídos en desgracia nos habíamos convertido en un objeto de caza mayor en esa Segunda B, y nosotros sumábamos catorce temporadas en Primera. Muchos clubes querían nuestra cabeza colgada en sus oficinas, como un trofeo de guerra. Qué asquerosa era esa Segunda B de cuatro grupos.

Si te encontrabas con algún aficionado del Barça o el Madrid, a veces no entendían que el Sabadell fuese tu único equipo y siempre preguntaban dos o tres veces más. Con los aficionados de clubes modestos como el Gandía, el Sóller, el Manlleu o el Benidorm era diferente. Ellos sí entendían tu pasión, aunque se morían de ganas de mandarnos al barro en el terreno de juego. Cuando visitábamos a equipos con cierto renombre, miraba las bufandas deshilachadas de la gente. En sus andares lentos y en sus rostros reconocía mi dolor. Empatizaba con ellos, aunque luego acabásemos a las piñas. Nos sentíamos menos solos gracias a clubes como el Castellón, el Murcia, el Elche, el Hércules o aquel Levante tan dominador en Segunda B.

Me impresionó ver más de 15 000 personas cuando nos ganaron 3-0, fácil. Luego me sentí triste por ellos cuando perdieron en el play-off de ascenso contra el Écija.

De forma inconsciente, presumíamos más de haber estado en directo el día que perdimos 6-2 en Elche que cuando ganamos 2-4 en Ontinyent. Cada goleada en la grada era una cicatriz de la que sacar pecho. Esa era nuestra realidad, la trinchera. Los palacios elegantes de Primera quedaban lejos.

La temporada 2000-2001 estuvimos cerca de cambiar nuestro destino. En esa época las cosas parecían estar mejorando, en general. La ciudad despertaba gracias a jóvenes que organizaban revistas, grupos de música y fiestas alternativas en las que acababan bailando al amanecer y al ritmo de acordeones. Teníamos la sensación de que lo peor empezaba a quedar atrás. Ocurría lo mismo con el fútbol. El Sabadell había conseguido armar un equipo que aspiraba por fin al ascenso a Segunda, el retorno a nuestra tierra prometida.

El entrenador era Pere Valentí Mora, un tipo muy majo que había jugado en el Barça de portero. Con su precioso acento de Tarragona, siempre recordaba que había defendido los palos en el Santiago Bernabéu el día que el Barça de Cruyff ganó 0-5. En realidad jugó pocos partidos con el club azulgrana, pero es cierto que le tocó en aquel tan famoso. Parecía feliz alimentando ese recuerdo. Los jugadores contaban que era un entrenador despistado y que en una ocasión llegó a anunciar una alineación con doce nombres. Pero sus toques de genialidad le granjearon el respeto de un vestuario complejo.

Gracias a su inteligencia, en la última jornada el Sabadell necesitaba un empate en Novelda para jugar el play-off de ascenso a Segunda. En caso de derrota, lo disputaría el Novelda, por lo que se trataba de un duelo directo. La afición del Sabadell, cansada de andar por el desierto, se entusiasmó. Quienes seguían al equipo desde una distancia prudencial decidieron sumarse. Y llenamos seis autobuses para viajar allí. El destino quiso que uno de los conductores fuese mi padre.

Los sueños de grandeza de nuestra familia habían durado dos años, como la última aventura del Sabadell en Primera, y ya no teníamos nada. Todo el dinero se había evaporado como una paloma que, en un truco de magia, desaparece bajo un pañuelo. Tachán. Pero mi padre no pasó ni un día lamentándose. Si antes había sido conductor de camiones, más tarde se puso al volante de autobuses aguantando críos sin educación en viajes de fin de curso por Francia, o comiendo bocatas mientras los jubilados de Sabadell visitaban el acueducto de Segovia. Como el equipo de fútbol, resistió. Los de Sabadell somos tercos y trabajadores, tenemos *mala pell*. Supongo que el hecho de que nademos bien permite que no nos hundamos fácilmente. Mi padre quizás no supo gestionar dinero, pero trabajó como una mula.

En el viaje de ida a Novelda, miraba las manos de mi padre al volante, con su dedo sin uña. Después de años alejado del estadio, conducir un autobús repleto de aficionados debió ser una tortura. Se encontró con las caras de los viejos directivos, aquellos con los que se había codeado cuando jugaba a ser rico y que, seguramente, al pertenecer a familias con dinero, conservarían sus casas de veraneo en la Costa Brava. También se cruzó con viejos amigos y trabajadores del club. Uno de ellos era Ciscu Tortosa, cuyo bigote me recordaba al de Stalin, aunque tenía la cara más flaca. Siempre usaba corbata y había jugado con mi padre en esa Penya 66. Al verse, se dieron un fuerte abrazo. Nada de palabras, claro. Maldita educación la que recibieron esos hombres, que no aprendieron a verbalizar los sentimientos. Solo se abrazaron, sin más, gruñendo como animales que muestran así su afecto. «Cuida el teu pare, és un tio collonut», me soltó Ciscu al despedirse.

En teoría, los conductores debían esperar en sus vehículos sin ver el partido. Pero ese día, después de tantos años habiéndome llevado al campo, intercambié los papeles con mi padre y le conseguí una entrada. Después de ocho años, *l'Antoniu* volvió a ver en directo a su equipo.

El estadio de Novelda, La Magdalena, tenía un arco blanco a la entrada y carteles con publicidad de decenas de negocios familiares con nombres curiosos; también un bar detrás de una portería desde el que algunos hinchas seguían los partidos tomando una cerveza. Ese día de primavera del año 2001 ya hacía clima de verano. En Novelda se cumplió el proceso de bienvenida que ya había interiorizado en otros lugares: primero, una charla amistosa; después, cuando empezaba el partido, odio.

Qué buen equipo teníamos entonces. Y eso que Jordi, el silencioso portero que todos amábamos, había perdido la titularidad en beneficio de un chaval espigado que nos había cedido Osasuna, Manuel Almunia, que llegaría a jugar la Champions con el Arsenal. La delantera era letal, con el vallisoletano Diego Torres y el catalán Xevi Molist. En defensa, mandaba Jordi Dot, un tipo con pinta de boxeador peso pesado y muy de izquierdas, cosa extraña en un vestuario. Me caía tan bien que incluso le perdoné que después jugase en el Terrassa. Nadie es perfecto.

En Novelda perdíamos 3-2 y el partido se encaminaba hacia su final. Pero entonces, en el minuto 82, llegó el gol milagroso de Genís García Junyent. Sus hermanos, Óscar y Roger, habían triunfado en el Barça y en el Espanyol. A él, una lesión lo lastró y no pudo llegar tan lejos. Pero esa lesión fue una suerte para nosotros, pues defendió la camiseta arlequinada un montón de años. Era un tipo curioso, Genís. Podía estar leyendo poesía de Flaubert en francés en el autobús de vuelta después de haberse roto la nariz luchando con un central del Nàstic. Su gol salvador nos dio el empate y nos abrió las puertas del play-off. Por primera vez en casi diez años, estábamos cerca de Segunda. Cuando acabó el partido, crucé el terreno de juego desde la zona de prensa hasta la grada visitante, solamente para abrazar a mi padre. Sí, yo había ido al partido como periodista. Mi vida estaba cambiando.

La bendita radio

Sin saber muy bien cómo, me había convertido en periodista. Lo había conseguido gracias a la radio de Matadepera, un pueblo al lado de Sabadell donde todo el mundo parece ser muy rico. Visten diferente, hablan diferente, miran el mundo con ojos diferentes. En ocasiones sale en la prensa citada como la localidad con la renta per cápita más alta de España. Básicamente, los ricos de Sabadell y Terrassa compraron mansiones en un entorno privilegiado, al lado de un parque natural. En Matadepera todo parece bonito. Incluso el aire que se respira es más puro, sin chimeneas. Tenía gracia que un chaval sin recursos acabara allí. La radio municipal del pueblo estaba en un sótano, pero ese lugar se convirtió en un refugio para mí. Justo cuando más perdido estaba, apareció la bendita radio.

Para estudiar en la universidad, mi hermana y yo tuvimos que trabajar. Pese a ello, Marta consiguió ser una de las mejores ingenieras informáticas de su promoción. Era admirable. Hablaba inglés y alemán, vestía con elegancia, pintaba cuadros, jugaba al voleibol y era la mejor estudiante. Antes de acabar la carrera, ya le había salido trabajo en Estados Unidos. No fue mi caso. Yo era un estudiante disperso. Los profesores del instituto, al saber que era el hermano menor de Marta, se ilusionaban conmigo. Pero tardaban poco en descubrir la realidad. Sentado en la última fila y sin amigos, desconectaba de las clases. Solamente atendía a los profesores de Historia, Literatura y Geografía, las únicas asignaturas en que no suspendía. Nadie sacó tantos ceros en Matemáticas como yo. En eso fui constante, ocho ceros consecutivos, sin fallo. Me convertí en un chaval inseguro y solitario. Hasta que repetí curso. Parecía una derrota, pero en realidad fue un regalo del cielo.

Después de unas vacaciones en las que tus padres han evitado las preguntas de sus amigos sobre tu rendimiento escolar, vuelves a la misma aula, con los mismos maestros. Tú te sientes el mismo, pero a los repetidores los miran de una forma diferente. Tus nuevos compañeros ven algo que ni sabías que tenías. En pocas horas descubres cierto poder en ti, porque manejas información sobre cómo son los profesores, las clases o los deberes. La información es poder.

También suele asociarse ser repetidor con ser un gamberro. Es una memez, pero yo acabé convirtiéndome en eso que los otros esperaban de mí. Gané en seguridad y mis notas mejoraron, pero también empecé a desafiar a los profesores gastando bromas pesadas. Pasé de ser un mal alumno con buena actitud a ser un buen estudiante con malas pulgas. Y entonces conocí a Carles.

Nunca me he codeado con alguien con mayor autoestima que la suya. El día en que lo conocí en el patio del instituto, me pareció un renacuajo que caminaba como un matón. «Me han dicho que eres muy del Sabadell. No puedes ser más del Sabadell que yo», me desafió. Iniciamos un combate dialéctico para demostrar quién sabía más, quién se acordaba de más jugadores, quién había visto más partidos. Él también había ido a Tortosa, él tampoco había desertado el año de Tercera, él también había ido a Bilbao (como yo aún creía que era mi caso). Si de verdad fue un combate, supongo que empatamos. Había encontrado a mi mejor amigo, un tipo que me cambiaría la vida.

En ese patio, a la sombra de las chimeneas por las que había caminado mi abuela, Carles Fité ya quería ser periodista. Yo quería ser historiador. Él era hijo del mejor periodista deportivo que ha nacido en Sabadell, Joaquim Fité, jefe de deportes del *Diari de Sabadell* durante los años dorados del club. El día que nació Carles, su padre grabó su primer llanto en una vieja grabadora, se subió a un coche, condujo hasta Barakaldo, entró en el vestuario del viejo estadio de Lasesarre, le dio al *play* y los jugadores escucharon la primera vez que lloró su hijo. Con la complicidad del entrenador, el valenciano Pepe Martínez les dijo entre risas que esa era la charla previa al partido. Perdimos 1-0, por cierto. Él, hijo de un periodista respetado; y yo, hijo de un conductor de autobuses que había soñado con presidir el club.

Empezamos a ir juntos al campo, fundamos una peña y cruzamos algunos insultos con aficionados del Terrassa, en esos derbis recuperados después de más de veinte años sin vernos. Él era un chico seguro de sí mismo, que sabía moverse como nadie en todos los contextos. Yo era mucho más retraído. Cuando pisábamos una discoteca, yo temía que me pegaran. Pero a la que me despistaba, él ya se había hecho amigo del propietario del local y tenía un fajo de consumiciones gratis en el bolsillo.

Entonces en Sabadell no existía una radio municipal y no había manera de seguir los partidos. Así que Carles decidió que sería él, un chaval de quince años, quien los contaría en la del pueblo de al lado. Para ello, necesitaba a un loco que estuviese dispuesto a ir en tren, autobús o autostop hasta poblaciones lejanas para retransmitir partidos sin cobrar. Me apunté, claro. El primer partido no lo emitimos. Solamente lo grabamos, para ver cómo sonaba. No lo hicimos mal, aunque yo me peleé con un aficionado local, al que deseé la muerte en un ataque de furia. Por suerte, no era en directo. Ganamos 0-1 en Manlleu. Era el año 1996.

Fueron cinco años con un micrófono a cuestas, corriendo en más de una ocasión delante de skins fascistas a los que no sentaba bien escuchar una narración en catalán fuera de Cataluña. En ocasiones, salíamos de fiesta hasta ver el sol y dormíamos en los buses o en los trenes que nos llevaban hasta las poblaciones de Alicante en las que narrábamos los partidos al día siguiente. Acabamos conociendo a los revisores de un tren nocturno que salía de Cartagena a las nueve del domingo y llegaba a las ocho de la mañana del lunes a Barcelona. A veces subíamos en Gandía después de haber perdido 5-0 o en Murcia después de haber ganado 1-5. En el banquillo del campo de Figueres, una chica de la Cruz Roja me ofreció marihuana. En un viaje a la lejana Fuerteventura, acabamos saliendo de fiesta con el entrenador antes de una derrota con el Pájara Playas de Jandía.

El año de Novelda, en 2001, Carles ya cubría la información del Barça, motivo por el cual habíamos abandonado las retransmisiones del Sabadell. Yo estudiaba Historia. Si el Sabadell luchaba por llegar a final de temporada con opciones de playoff, mi lucha era llegar a final de mes. Mis primeras tarjetas no siempre tenían fondos, así que buscaba excusas para no salir de noche y me quedaba con mis libros. Para pagarme la universidad acabé cargando cajas en una empresa de Montmeló especializada en las partes metálicas de las llaves de los coches. Decenas de millares de pequeños pedazos de metal metidos en cajas. En las paredes de los vestuarios de la empresa convivían pósteres de futbolistas con los de actrices porno. Cuando llegaba a la universidad con la espalda rota, me quedaba dormido en las clases.

Al acabar el contrato en el almacén, encontré trabajo en un supermercado. Allí usaba una vieja bata de color azul en cuyos bolsillos guardaba una libreta, un lápiz y un cúter. Me pasaba todo el día reponiendo productos o repartiendo encargos a ancianos que ya no bajaban a la calle. Entrar en sus pisos viejos te rompía el corazón: olor a cerrado y fotos de personas a las que ya nadie lloraba. Me gustaba hablar con ellos y que me contaran cómo era Sabadell en los años treinta. De paso, me ganaba alguna propina. Pero, en general, la gente me miraba con decepción y desprecio porque trabajaba en un supermercado. Allí coincidí con otros chicos tan perdidos como yo. Recuerdo a uno de larga cabellera rubia, un *heavy* cuando apenas quedaban *heavies*, fanático del grupo sueco Europe cuando ya casi nadie lo escuchaba. O a un tipo extraño obsesionado con el porno japonés.

No tenía ni un día de fiesta. Entre semana, por la mañana trabajaba en el supermercado y por la tarde acudía a la facultad. Y los fines de semana los pasaba en la redacción de *El 9 nou*, un periódico local que me había fichado para escribir crónicas de deportes gracias a mis años en la radio. Pagaban poco por jornadas largas, pero escribir de deportes era un sueño. Trabajaba igual de duro que mi padre, aunque nos habíamos distanciado. Seguíamos trayectos paralelos sin cruzarnos. Él siempre estaba preocupado, de mal humor. Y como ya no iba al campo, ni eso nos unía. Excepto en Novelda, con ese abrazo después del gol de Genís.

Ese play-off, por cierto, acabó fatal. Era una liguilla entre cuatro equipos y ascendió el Burgos de forma merecida. El penúltimo partido, ya casi sin opciones, me marcó a fuego. Un jugador del equipo me llamó y me contó que el Ceuta, rival del Burgos en la pugna por el ascenso, había ofrecido una prima al Sabadell para que ganase a los castellanos. Nosotros aún teníamos una remota opción de subir, aunque parecía improbable, así que en Ceuta decidieron estimular a la plantilla. En un fútbol siempre podrido, ofrecer dinero por ganar un partido no parecía un gran pecado. Pero el futbolista también me contó que se habían enterado de la prima gracias a un jugador ceutí. Es decir, que la directiva del Ceuta le había ofrecido dinero a la del Sabadell, que esta lo había aceptado y que no había dicho nada a los futbolistas, supongo que con la intención de quedarse el dinero. Hablé con los jugadores y con un directivo del Ceuta, que me lo confirmaron *off the record*. Lo publiqué un día después de perder contra el Burgos y la directiva acabó acusándome de traidor. El hijo de *l'Antoniu* no podía hacer eso, me decía Miquel, el hermano de Rafel Arroyos, que era el presidente entonces. Al final, la cosa se calmó y el presidente defendió que, en caso de haber ganado, habría repartido el dinero. Pero la victoria no llegó y aquel momento fue incómodo. Iba descubriendo el lado oscuro del fútbol. Ser periodista y seguir a tu equipo no siempre es fácil. Por suerte, esa etapa duró poco.

Ipurua

En la temporada 1991-1992, justo antes de un partido contra el Barça B, Johan Cruyff anunció que ese fin de semana Josep Guardiola jugaría con el filial. El técnico neerlandés quería mandar un mensaje a su pupilo, que ya era titular en Copa de Europa, para que no se acomodase. Tenía mucha lógica, pero la afición del Sabadell no lo entendió así. Mira que Cruyff tenía partidos para tirar de las orejas a Guardiola, y había elegido el que jugaban contra otro equipo catalán. Además, Pep captó el mensaje, listo como era, y se salió. Nunca fue un gran goleador, pero esa noche metió un golazo cuando faltaban cinco minutos aprovechando una mala salida de N'Kono. Perdimos 1-2. Por suerte, esa temporada no pasamos apuros, aunque la derrota dolió. Al final del partido, mi madre abrió el bolso, sacó un monedero y nos entregó algunas monedas pequeñas. La familia, unida, se las lanzó a los jugadores del Barça B. Afortunadamente, con poca puntería. No, no eran buenos momentos ni éramos una familia ejemplar. Cuando mi madre abrió el monedero, fue un gesto ancestral para sacar de dentro la frustración de una vida llena de problemas. Éramos unos brutos.

A la larga, tanto mi hermana como yo nos labramos nuestro propio camino, pero encontramos muchas dificultades. Aprendimos, por ejemplo, que la familia natural no está siempre si la necesitas. Cuando escuchábamos frases del tipo «los padres nunca te fallan», «sangre de mi sangre», «madre no hay más que una» o «no hay nada que los padres no harían por su hijo», los dos sentíamos un pinchazo en el alma porque sabíamos que no era cierto. No todas las familias encajan en los dichos populares ni en las películas edulcoradas. Algunos sufrimos tanto en Navidades que las pasamos dando vueltas solos por Bretaña o Italia. Si naces en una familia con problemas, estás jodido. Una familia buena es una bendición, pero una rota es una cárcel. Más que amarnos, nosotros supimos aguantarnos, manteniendo una distancia prudencial. Ya fue un éxito. Pensando en los errores de mis padres me percaté de por qué el Sabadell era tan importante en nuestras vidas: nos permitía tener enemigos comunes. En ocasiones era un árbitro; en otras, un jugador nuestro que fallaba mucho; en otras, un rival.

El recuerdo de ese monedero me acompañó muchos años. Me avergonzaba. Menuda mala educación me habían dado. Pensaba en esas monedas cada vez que, en mi trabajo como periodista, hablaba con Guardiola. Porque acabé cubriendo la información de su Barça. Cuánta felicidad me dio el pelado de Santpedor. Seguir ese equipo como periodista fue como escribir crónicas de las giras de los Rolling Stones en los sesenta o como cubrir los giros de Coppi y

Bartali. Años antes, cuando les dije a mis padres que estudiaría Historia, respondieron que era «una carrera de tontos». Me trataron como a un suplente lesionado al que no se renueva el contrato. Luego, gracias al periodismo, presumieron de mí porque salía en la televisión o la radio. Para los parias de la tierra, como eran mis padres, ver a su hijo en la televisión tenía más valor que los diplomas, másteres y títulos de mi hermana, que se había ganado a pulso buenos trabajos.

Un día, Pep me preguntó con quién iría si su Barça jugase contra mi Sabadell. No lo dudé: siempre con mi Sabadell. Y aproveché para confesarle lo de las monedas y pedirle disculpas: «Recordes aquell partit que vas jugar a Sabadell?». Le dije que yo estaba allí, lanzado cosas. A Guardiola le pareció divertido que estuviésemos charlando con normalidad del tema unos años más tarde. Yo me sentí perdonado.

Esa temporada en la que Guardiola marcó un golazo a N'Kono, él acabó ganando la Copa de Europa en Wembley en mayo de 1992. Casi dos décadas más tarde, una noche de primavera, ganó el mismo trofeo en el mismo estadio, entonces como entrenador. Y yo estuve allí, cubriéndolo como periodista.

Pocos minutos antes de aquella final de 2011 en Wembley, la productora de Catalunya Ràdio me buscaba desesperadamente y yo no contestaba. Me tocaba entrar en directo porque Joaquim Maria Puyal, todo un icono del periodismo catalán, me había ofrecido una sección sobre deporte, historia y política de los rivales europeos del equipo azulgrana. Hacía días que tenía el guion preparado sobre el pasado obrero del Manchester United. Iba a hablar sobre Busby, Best, Law y Charlton; sobre la tragedia de Múnich; sobre gradas repletas de obreros, ferrocarriles y la Revolución Industrial. Mánchester no dejaba de ser la Sabadell inglesa, aunque más grande y exitosa. Lo tenía todo listo, pero sucedió algo. Me olvidé de que debía entrar en directo. La productora me torpedeó a mensajes. «Toni, on ets?». Al final llegué a tiempo, pero los minutos anteriores los había pasado hablando por teléfono con mi padre:

el Sabadell acababa de conseguir el ascenso a Segunda por primera vez en dieciocho años.

En Wembley, el Barça jugó como los ángeles para derrotar al Manchester United por 3-1. Aquella noche acabó en una fiesta organizada por el club azulgrana en el Museo de Historia Natural de Londres, dando vueltas con una copa de vino entre esqueletos de ballenas. Pero yo pasé toda la noche cruzándome mensajes con mis amigos. No elegimos dónde nacemos, aunque sí podemos elegir con quién vivimos. Gracias a mi afición al Sabadell, había conocido a mucha gente y tenía una nueva familia. Un grupo extraño, pues entre nosotros no siempre nos parecemos. Pero un grupo fiel, una tribu que ese día estuvo en Éibar, donde nuestro equipo subió a Segunda gracias a un empate 1-1. Cómo me habria gustado viajar con mis amigos a tierras vascas. Aunque estar medio borracho a la sombra un dinosaurio gigante, con culés eufóricos que me miraban como si fuese un bicho salido de una exposición del museo mientras les explicaba que el Sabadell había subido, tampoco estuvo nada mal.

Maradona

Después del ascenso en 2011, vivimos una época buena en Segunda gracias a Lluís Carreras, un entrenador magnífico que amasaba el buen fútbol con el cariño que le ponen los cocineros napolitanos a sus pizzas. De joven, había sido un buen jugador y llegó a debutar en su amado Barça. Su melena rizada me recordaba, lógicamente, a *rizoseresunhijodeputa*; y nos dio un ascenso y grandes noches en Segunda. Fueron los años de los propietarios japoneses y pasaron por el equipo jugadores nipones.

Cómo había cambiado, el fútbol. Cuando era niño apenas había jugadores extranjeros. Y los que había eran como ventanas abiertas al mundo. Buscaba información en enciclopedias sobre sus países y ciudades de origen. Recuerdo que gracias a Ramón Ángel Hicks —un delantero clave en la permanencia del Sabadell en Primera en 1987 y que luego sería ídolo en Oviedo— supe que en Paraguay se hablaba guaraní. Le decía a mi abuela que aprendería esa lengua. También me fascinaba el macedonio Blagoja Kitanovski, que casi marca un gol en un empate 0-0 en el Camp Nou que nos supo a gloria. En este caso, el Toni pequeño intentaba escribir el nombre del jugador en alfabeto cirílico. Cuando en los noventa llegó procedente del Logroñés un brasileño melenudo llamado Gilson, descubrí cosas sobre la tradición cafetera de su tierra. Con el chileno Luka Tudor aprendí que miles de croatas habían emigrado a Chile en el siglo XX.

Aunque mi extranjero favorito acabó siendo uno al que nunca había visto jugar y del que no tenía recuerdos: el argentino Oswaldo Daniel Dalla Buona. Guardo como oro en paño una revista *Don Balón* de noviembre de 1982 en cuya portada aparece

Diego Armando Maradona con la camiseta del Sabadell. Maradona, el Pelusa, con nuestra zamarra. Esa revista es una reliquia para mí, con más valor que cualquiera de las que se guardan en las iglesias. Y todo gracias a Oswaldo. Así que, como agradecimiento, me puse a investigar quién era y no me detuve hasta que hablé con él.

Cuando Maradona fichó por el Barça en 1982, le pidió al equipo que uno de sus amigos, Oswaldo, también fichara por el club azulgrana. Llegó a jugar algunos amistosos, pues malo no era. Se habían conocido en el equipo Los Cebollitas y habían jugado juntos en Argentinos Juniors. Eran inseparables. Pero como no tenía nivel para el Camp Nou, el Barça se lo ofreció al Sabadell. Nosotros aceptamos. El periodista Miguel Rico, un tipo genial, fue el encargado de pactar ese reportaje para *Don Balón*, una sesión de fotos en la que Oswaldo viste la camiseta del Barça y el Diego, la arlequinada. Rico me contaría años después que Oswaldo formaba parte del séquito de argentinos que vivían con Maradona en una casa del barrio de Pedralbes, en la que las fiestas duraban hasta que salía el sol.

En la primera jornada de la temporada 1982-1983, el Diego apareció en Sabadell para ver a su amigo en acción. Goleamos 5-0 al Palencia, aunque con truco. El rival jugó con el filial por un problema con las fichas del primer equipo. Y allí estaba el Pelusa, que el día anterior se había estrenado en la liga con una derrota del Barça en Mestalla. Lo curioso es que Maradona apareció en la tribuna popular de la Nova Creu Alta, provocando tanta expectación que la policía se vio obligada a trasladarlo hasta la tribuna. Mi padre lo recordaba caminando por el lateral del campo, custodiado por esa policía nacional que vestía de marrón, saludando a la grada como si fuese Jesucristo. Oswaldo no jugó bien aquel día y los más destacados fueron dos futbolistas nacidos en Sabadell: Tanco, un expeditivo jugador con bigote que lanzaba los penaltis destrozando el balón; y el querido Lino, que defendió nuestra camiseta durante más de quince años.

Qué bueno era Lino, siempre con el diez a la espalda, como Maradona. Cuando el Nápoles fichó a su amigo, Oswaldo lo siguió a Italia. De nuevo, el Pelusa se preocupó por que encontrara un equipo cerca. Y Oswaldo se convirtió en un jugador de culto en los modestos Nola y Trani.

Años más tarde, después de ver un Guadalajara-Sabadell que acabó sin goles, algunos amigos comíamos en el famoso asador Txistu de Madrid. Y, de repente, sucedió: Diego Armando Maradona entró por la puerta. Ya estaba hinchado, con la mirada perdida, apenas podía caminar bien. Pero era Maradona. Nos sacamos una foto juntos e intercambiamos algunas palabras. Teníamos delante al mismísimo Pelusa, ¿y qué decidimos hacer? Pues le mostramos su foto vestido de arlequinado en la pantalla de un teléfono. «Ah, sí, el Sabadell. Allí jugaba mi amigo Oswaldo», dijo. Pudimos hablar con Maradona y elegimos hacerlo sobre el Sabadell. Qué pesados somos, los de esta ciudad. Qué bien le quedaba el arlequinado al Diego.

Marbella

Quizás sea culpa de la prensa rosa. O de Jesús Gil y Gil. O de las personas que cuelgan imágenes en las redes sociales presumiendo de coches y botellas carísimas de alcohol. Pero el último lugar de España que hubiera elegido visitar era Marbella. Lo sentía en las antípodas de mis gustos. Y allí estaba el verano de la pandemia, en un estadio que no encajaba con una población convertida en la capital mundial del ladrillo y las grúas de construcción. Qué viejo era ese campo, parecía el de Novelda.

En 2020 llegó la pandemia y el mundo se paró. El fútbol también. Si pocos días antes del confinamiento había trabajado rodeado de miles de napolitanos en un Nápoles-Barça, el partido de vuelta se jugó meses más tarde en un Camp Nou vacío en el que solo entramos veinte periodistas con mascarilla, peto identificativo, test PCR superado, toma de temperatura previa y distancia de seguridad. En verano las competiciones se reactivaron, pero con unos protocolos de seguridad que parecían salidos de un guion de ciencia ficción.

El año de la pandemia, a mí me salieron las primeras canas y también algunas dudas sobre qué demonios quedaba de mi club. Cada verano aparecían noticias sobre posibles compradores: americanos, italianos, sauditas, nipones o australianos... En todos los casos, empresarios que tratan a los clubes como un número más, como si trabajadores e hinchas no tuvieran sentimientos y la vida fuese un videojuego. Pese a ello, el hechizo se repetía cada verano. Te ilusionabas, renovabas tu carnet —cada vez con una cifra más baja— y te preguntabas si ese año tocaría play-off.

Esa temporada en Segunda B nos entrenaba Antonio Hidalgo y arrancamos muy bien, pero en febrero empezamos a flaquear. Ya sentía cómo se esfumaban las esperanzas de play-off. Pero la llegada del covid hizo que la Federación diera por finalizada la temporada en ese momento, organizando un play-off en Andalucía con los cuatro primeros clasificados de cada grupo. El 19 de junio de 2020 se disputaron los cuartos de final y ganamos al Atlético de Madrid B en los penaltis. Lo seguí por televisión. Mi amigo Carles estaba en el campo, acreditado quién sabe cómo. Cuando acabó el partido, entendí que debía desplazarme para vivir las semifinales en directo. Si en 2011 no había podido estar en Éibar por trabajo, ahora no me frenaría una pandemia. Unos días más tarde estaba en Málaga, viendo cómo superábamos a la Cultural Leonesa, de nuevo en los penaltis, gracias a nuestro portero gallego, Ian Mackay. La final sería en Marbella contra el Barça B. Si que te derrote un filial siempre duele, perder una final de ascenso contra uno de ellos me parecía el peor cuento de terror. Nada de vampiros, estacas, demonios o bichos que te entran por los agujeros más íntimos. Mi peor pesadilla era perder una final de ascenso contra un filial.

Ignoro qué sucede cuando tu equipo juega finales de torneos grandes, pero los ascensos no los disfrutas hasta el pitido final. Sufres demasiado. Te sientes un hombre bala, uno de los que se mete en un cañón y vuela por los aires. Cuando ganas un playoff, aterrizas en una plácida red después de una explosión de adrenalina. Cuando lo pierdes, tus seres queridos se pasan el verano recogiendo tus pedazos. En el vetusto estadio de Marbella ganamos 2-1, con goles de Néstor Querol y Aleix Coch. Yo, el ateo que no cree ni en milagros ni en supersticiones ni en fenómenos paranormales, viví el partido vestido exactamente igual que en las semifinales. Ropa interior incluida. ¿Por qué? Por si acaso.

Fueron días extraños. El mundo sufría una pandemia trágica y yo era feliz. Para las familias unidas, aunque lo admitan con la boca pequeña, fueron unas semanas alegres durante las que crearon juegos, reforzaron lazos, se unieron más. Para las familias rotas fue un infierno. Convivir las veinticuatro horas con tu verdugo debió ser traumático. Yo era feliz con mi esposa y mis padres se soportaban como podían en su piso. Habían firmado un pacto de no agresión. Muchos años antes ya habían dejado de dormir en la misma habitación, así que se convirtieron en compañeros de piso y penurias. Aceptando que no les había ido bien como pareja, acabaron por aguantarse como amigos. Pero necesitaban momentos lejos uno del otro. Y el deporte les ofrecía esa vía de escape, ya que mi padre pasaba horas fuera de casa caminando.

Ese grupo de amigos que en 1966 había fundado un equipo de fútbol ahora recorría todos los caminos del Vallés. Ya jubilados, seguían juntos. Una amistad de más de cinco décadas forjada en las comilonas después de los partidos. En una caricatura del equipo de los años setenta, mi padre, el *fletxa*, aparece enfadado, ocultando el balón debajo del brazo mientras grita: «El penal el tiro jo!». El portero era mi tío, Salvador. Un hombre recto, educado, trabajador y muy devoto que se había casado con la hermana de mi madre. Nunca perdía la compostura bajo los palos. En casa de mis padres se gritaba, pero en la suya la vida discurría lenta, en paz. Siempre me sentí más relajado en su piso que en el mío.

Durante la pandemia, mi padre subía a la azotea del bloque de pisos y se ponía a correr. Tenía setenta y cinco años, la memoria ya le fallaba por el alzhéimer, pero se mantenía en forma. Como nunca había dejado de hacer deporte, su cuerpo soportó mil operaciones. Aguantó tumores, una lesión de vértebras, un ataque de gota — en esos años que se puso redondito por comer demasiado—, un ictus que le dejó la boca un poco torcida y una pulmonía provocada por la caída a un río durante una de sus excursiones.

Mis padres habían dejado el centro de la ciudad años atrás y habían recalado en un piso de protección oficial en los límites de la ciudad. Quedaba lejos del centro, pero tenían a un paso los preciosos bosques de la zona y el santuario de la Salut, un templo donde el Sabadell hace una ofrenda cada temporada para pedir suerte, a ver si alguien se apiada de nosotros por allá arriba. Un lugar muy amado en la ciudad, seas creyente o no. Cuenta la leyenda que en 1652 encontraron la estatua de una Virgen, que la llevaron a una ermita y que a los enfermos de peste de Sabadell los trasladaban a esa zona para alejarlos de la ciudad. De ahí nació la tradición de pedir a la Virgen que protegiese a los ciudadanos de las enfermedades. En la actualidad, la iglesia tiene unos frescos de finales del XIX en los que los grandes burgueses de la ciudad aparecen rezando. Si en las iglesias medievales eran los reyes y duques quienes pedían ser representados al lado de Jesús a cambio de cuantiosas donaciones, en Sabadell los empresarios pidieron ser inmortalizados rindiendo honores a la Virgen de la Salut.

También es el lugar en el que se casaron mis padres. En las fotos, mi madre sale muy seria. Mi padre, feliz. Años más tarde, *l'Antoniu* corría cada día por esta zona, pese a ser ya un anciano. El deporte le daba la vida. Aunque de la pandemia ya salió muy tocado. Tantos meses sin quedar con los amigos, condenado a dar vueltas por la azotea entre aparatos de aire acondicionado y antenas, como un animal salvaje enjaulado, empezaron a marcar su declive.

Ese día feliz en Marbella, volví a pensar en él. Conduciendo de vuelta a Málaga, lloramos acordándonos de quienes ya no estaban con nosotros y de nuestros enfermos. El fútbol tiene esta gran capacidad para ordenar tu vida, tus recuerdos. Salpica el calendario con unos puntitos rojos que nos permiten conectar con el pasado. El amor por un equipo es nuestra casa, el lugar en el que se encuentra nuestra gente. Una pelotita cruza una línea de gol en Marbella y en pocos minutos tienes desfilando por la cabeza imágenes de tus padres. Recuerdas peleas, a *rizoseresunhijodeputa*, a N'Kono, el gol de Éibar y el partido de Bilbao que jamás viviste en directo. Te emocionas por estar celebrándolo con tus amigos. Ese ascenso fue especial y, hasta el momento, el último.

El primero para mí había sido en 1984, en Binéfar. Mi padre afirma que yo estaba presente cuando ganamos 3-4 con un gran Manolo, un delantero que después llegó a internacional brillando en el Atlético de Madrid. He visto el resumen de ese partido centenares de veces, aunque no recuerdo nada porque era muy pequeño. Así que el primer ascenso del que tengo recuerdos fue el de 1986. Menudo ascenso. Le ganamos 2-0 al Atlético Madrileño en una Nova Creu Alta hasta la bandera. Esa noche mi padre descorchó una botella de cava y anunció que haríamos un esfuerzo económico para sacar abonos en tribuna la siguiente temporada, la del retorno a Primera. Dejamos la general y llegamos a tribuna. Fue nuestro último ascenso a Primera, pero décadas después sigo en esa zona, ya sin mi padre, aunque ahora con mi otra familia, esa que he ido creando con mis amigos.

Cuando estoy en la Nova Creu Alta jugando con los hijos de mi amigo Albert, me acuerdo de cuando yo era el niño que correteaba por el estadio. Recuerdo cáscaras de pipas en el suelo, a un vendedor de regaliz que gritaba por la grada «¡reli!». Durante esos años, desparramados por el estadio, coincidimos algunos niños que acabaríamos conformando una especie de tribu. Una *colla* que sigue al club aunque sus trabajos los hayan enviado a Madrid, Edimburgo, Miami o Nairobi. Pesados y trabajadores como somos, la gente de Sabadell llega a cualquier sitio. En un festival de música incluso nos enteramos de que la familia de Julian Casablancas, cantante de The Strokes, procedía de Sabadell.

Algunos de mis amigos viven la actualidad del club con demasiada pasión, como Carles, siempre enfadado con los entrenadores. En 2006, nada más ascender a Segunda B en Mieres, le reprochó al técnico, el entrañable Ramón Moya, cosas que no le gustaban del equipo. Sobre el terreno de juego, durante la invasión de campo y en plena celebración,

Moya tuvo que aguantar el chaparrón de quejas de un tipo con una bandera atada al cuello. Otros amigos lo viven con normalidad, incluso sin conocer muy bien la plantilla, porque para ellos ser del Sabadell es una seña de identidad. Cuando nos juntamos en el estadio, a veces somos tres generaciones. Durante una breve época, mi padre se sumó al grupo. Fue bonito, aunque durase poco.

Primavera de 1977

A medida que te haces mayor, cada vez es más complicado explicar tu vida. Algunos suman hijos, otros despidos. Algunos millones, otros deudas. Algunos ganan canas y otros pierden pelo. Yo tengo cinco ascensos y cinco descensos. Así, equilibrado. Cada descenso me ha marcado a fuego, cada ascenso me ha hecho llorar. Sí, he llorado más con los ascensos que con los descensos.

¿Cómo contar lo que no tiene sentido? Si durante siglos los poetas han intentado explicar el amor en palabras, yo aún intento encontrar la fórmula para expresar que amo un club de fútbol que me da pocas alegrías. No tiene lógica sentir amor por un club así, si lo piensas en frío. Y, pese a todo, ahí está el Sabadell, la relación más estable de mi vida. Cuando amas un club modesto, luchar por el ascenso en el último partido de la temporada es como esperar las notas de la selectividad cuando no has preparado bien el examen y parte de tu vida va en ello. Sabes que puede suceder cualquier cosa y no tiene por qué ser la más coherente. Cuando era niño, un ascenso significaba que el Sabadell saldría el año siguiente en las colecciones de cromos. Guardo los del equipo en Primera como si fueran estampillas religiosas. Los cromos de Capó, el mítico portero menorquín calvo, bautizado como «O porteiro descapotable» en Vigo por la hinchada del Celta. Los cromos de Motoret Sala, un incansable centrocampista de Sant Hipòlit de Voltregà que debutó joven con nosotros y volvió para retirarse el año del playoff de Novelda. Los cromos de los jugadores nacidos en Sabadell, como Lino o Saura, valen el doble.

Esos jugadores nos unían como familia, cuando todo se rompía. Debió ser durante alguno de aquellos años en el desierto de Segunda B cuando mi madre, dolida por una discusión cualquiera, me soltó que tampoco había amado tanto a mi padre. Que no sabía muy bien por qué le había hecho caso cuando se conocieron. En esa época, llegaron a la costa catalana los primeros turistas del norte de Europa, con su ropa moderna, con su cabeza alta, con su libertad. Y mi madre aún guarda como oro en paño las fotos de los únicos veranos que disfrutó con el pelo largo, una falda de flores corta y un collar vistoso. Pero apareció mi padre.

Fue en un baile de los que organizaba el Club Natació Sabadell. Nunca he sabido si realmente ponían tablas de madera encima de la piscina, como me contaron, pero me gusta imaginar que fue así. Allí, caminando sobre las aguas donde yo aprendí a nadar, los jóvenes bailaban al son de los nuevos ritmos. Fue mi padre quien se fijó en mi madre. Ella le contestó en catalán y él lo chapurreó porque no lo hablaba bien entonces. A mi madre le gustó que lo intentara, aunque le pareció un poco chulo y pesado. ¿Qué cambió en ella para que aceptase una primera cita? Pues que descubrió que era del Sabadell. Mi madre había dado por sentado que sería del Madrid o el Barça. Y no, ese andaluz de patillas largas que no fumaba por gusto, sino para parecerse a los actores de Hollywood, le explicó que había ido en vespa a Valencia para ver a los arlequinados. Y aceptó quedar con él un domingo, antes de un partido. Entonces las citas consistían en caminar juntos por la Rambla de arriba abajo, de un extremo al otro, y vuelta a empezar. En la otra acera, mi abuela caminaba con una amiga, vigilando qué sucedía a pocos metros, por si acaso.

Mis padres no pudieron ser jóvenes todo lo que habrían querido. Mi padre pudo alargar la juventud jugando al fútbol los fines de semana, después de fracasar como ciclista o boxeador, deporte que le dejó la nariz torcida a cambio de unos puños de hierro. Mi madre, ni eso. Acabó pronto encerrada en casa cocinando, aunque no le gustaba, y cuidando de mi hermana cuando esta llegó. Para sorpresa de todos, nació pelirroja. Pelirroja como las patillas de mi padre. Más que de Sabadell, parece irlandesa. Nadie sabe muy bien cómo llegó ese gen pelirrojo a mi familia andaluza, así que de adolescente inventaba teorías sobre guerreros normandos rumbo a Sicilia que hacían puerto en Almería, brigadistas internacionales o cruzados escoceses que a la vuelta de Jerusalén se enamoraban de una chica morisca.

Para entender por qué nos costaba ser una familia feliz, me obsesioné con descubrir qué había sucedido antes de mi llegada al mundo. No sé si en un intento de perdonar los pecados de mis padres, culpé de todo a mis dos abuelos. De ellos se decía que fueron figuras violentas, sin amor. Quise conocer sus historias. En un archivo, encontré el expediente que confirmaba que mi abuelo paterno había estado del lado de la República en 1936 y que lo habían acusado de «participar en actos de ejecución o colaboración una vez se implantó el dominio rojo y el terror marxista» en Serón, un pueblo minero en el interior de Almería. Años más tarde, se tatuó un escudo franquista en el muslo, quién sabe si por convicción o en un intento desesperado para ser aceptado. El expediente de mi abuelo materno aún no lo he encontrado, pero me consta que sufrió exilio y cárcel. Los dos fueron carne de cañón, soldaditos de plomo en una guerra cruel. Cuando volvieron, ya no fueron capaces de amar. A sus hijos los educaron más con el cinturón que con caricias, convirtiendo a las dos abuelas en heroínas calladas, en madres dolorosas que protegían a sus hijos con su cuerpo. Mis padres fueron hijos de un tiempo y de un país.

Indagando en el pasado fue como descubrí aquella primera charla sobre las tablas que cubrían una piscina en Sabadell. Sin este maldito club, mi madre no se habría fijado en mi padre y yo no existiría. También descubrí que fui un hijo no planeado. Como andaban cortos de dinero, querían posponer la llegada del segundo. ¿Qué sucedió, pues? Durante la primavera de 1977, el Sabadell empezó a ganar partidos, subiendo posiciones en la tabla de la tercera categoría. Mi padre acabó admitiéndolo: un domingo de marzo, después de una victoria contra el Nàstic de Tarragona gracias a un gol *in extremis* de Manuel Parras —un delantero nacido en un pueblo de Jaén que, como mi padre, había llegado a Sabadell siendo un chaval—, se metió en la cama eufórico. Tanto que se olvidó del preservativo o no se lo supo poner bien. Nueve meses después de aquel partido y seis meses después del ascenso a Segunda, llegaría un servidor. Sin un gol del Sabadell, yo ni habría nacido. ¿Cómo voy a abandonar este club, aunque baje a los infiernos? Mi destino está escrito sobre mi mala piel. Sin ser conscientes de ello, mis padres me dieron el mejor regalo, ser del Sabadell.

HOOLIGANS ILUSTRADOS

es el alimento espiritual de tuercebotas y fajadores

ALINEACIÓN

Por el Espanyol:
Enric González: *Una cuestión de fe*

Por el Real Madrid:
Manuel Jabois: *Grupo salvaje*

Por el Barça:
Marcos Abal: *Una insolencia*

Por el Atleti:
Julio Ruiz: *Yo me voy al Manzanares*

Por el Betis:
Antonio Luque: *Marchito azar verdiblanco*

Por el Zaragoza:
Ignacio Martínez de Pisón: *El siglo del pensamiento mágico*

Por la Real Sociedad:
Ander Izagirre: *Mi abuela y diez más*

Por el Athletic:
Eduardo Rodrigálvarez: *Un soviético en La Catedral*

Por el Sevilla:
José Lobo: *Yonkis y gitanos*

Por el Castellón:
Enrique Ballester: *Infrafútbol*

Por el Córdoba:
Antonio Agredano: *En lo mudable*

Por el Logroñés:
Javier Triana: *Goool en Las Gaunas*

Por el Rayo Vallecano:
Quique Peinado: *¡A las armas!*

Por el Celta de Vigo:
Alfonso Armada: *El Celta no tiene la culpa*

Por el Celta de Vigo:
Lucía Taboada: *Como siempre, lo de siempre*

Por el Murcia:
Luis María Valero: *Sed en La Condomina*

Por el Oviedo:
Sergio Cortina: *Saliendo de la calle Oscura*

Por el Dépor:
Nacho Carretero: *Nos parece mejor*

Por el Racing de Santander:
Marta San Miguel: *Una forma de permanencia*

Por la Cultural Leonesa:
Patricia Cazón: *El largo invierno*

Por el Albacete Balompié:
Alfredo Matilla: *Por si acaso*

Por el Atleti Femenino:
Mónica Crespo: *Por mí, por ti, por todos*

Por el Perú:
Toño Angulo: *Treinta y seis años después*

Por Osasuna:
Sergio Amadoz: *Aquí no se rinde ni Dios*

Por el Sporting de Gijón:
Maxi Rodríguez: *Lear o el deporte rey*

Por el Mallorca:
Joan Sans: *Rectángulo de amor bizarro*

Por el Valencia:
Juan Pérez de la Cruz: *El guardián entre el cemento*

Por el Getafe:
Usuario Arroba: *Aviones y verbenas*

Y desde el campo de batalla:
Ramón Lobo: *El autoestopista de Grozni y otras historias de fútbol y guerra*